Lavagem de Dinheiro
Aspectos Penais da Lei nº 9.613/98

C157l   Callegari, André Luís
      Lavagem de dinheiro: aspectos penais da Lei nº 9.613/98 / André Luís Callegari. 2. ed. rev. atual. – Porto Alegre: Livraria do Advogado Editora, 2008.
      175 p.; 23 cm.
      ISBN 978-85-7348-562-2

      1. Lavagem de dinheiro. 2. Direito Penal. 3. Direito Penal Econômico. I. Título.

CDU – 343.37

      Índices para o catálogo sistemático:
Direito Penal
Direito Penal Econômico
Lavagem de dinheiro

(Bibliotecária responsável: Marta Roberto, CRB-10/652)

André Luís Callegari

Lavagem de Dinheiro
Aspectos Penais da Lei nº 9.613/98

2ª edição
Revista e Atualizada

livraria
DO ADVOGADO
editora

Porto Alegre, 2008

© André Luís Callegari, 2008

Capa, projeto gráfico e diagramação
Livraria do Advogado Editora

Revisão
Rosane Marques Borba

Direitos desta edição reservados por
Livraria do Advogado Editora Ltda.
Rua Riachuelo, 1338
90010-273 Porto Alegre RS
Fone/fax: 0800-51-7522
editora@livrariadoadvogado.com.br
www.doadvogado.com.br

Impresso no Brasil / Printed in Brazil

Aos meus dois amores,
Cristina Reindolff da Motta e
André da Motta Callegari.

Prefácio a 1ª edição

Dentre os mais atuais e problemáticos temas do Direito Penal contemporâneo destaca-se, pela sua magnitude, o da incriminação dos mecanismos pelos quais as organizações criminosas conseguem ocultar e investir as consideráveis somas de dinheiro obtidas por meio de suas atividades ilícitas.

Trata-se, é bem de ver, de questão crucial para o legislador e para os aplicadores do direito, sobretudo porque as exigências de combate eficaz às formas mais nocivas da criminalidade moderna (tráfico de drogas, terrorismo, contrabando de armas, extorsão etc.), que justificam a referida incriminação, devem ser compatibilizadas com as garantias substanciais e processuais que informam a atividade repressiva no Estado de Direito.

Daí ser muito auspiciosa a publicação pela Editora Livraria do Advogado do livro *Lavagem de Dinheiro: aspectos penais da Lei nº 9.613/98*, de autoria do ilustre advogado e professor André Luís Callegari, em que a matéria é desenvolvida com muita propriedade e clareza, propiciando ao leitor uma visão completa e crítica sobre as principais questões que o tema suscita.

Escrita originalmente como tese de doutoramento apresentada na Faculdade de Direito da Universidade Autônoma de Madrid, onde mereceu aprovação unânime e *cum laude* por Banca Examinadora composta pelos mais renomados mestres espanhóis – e portanto solidamente fundamentada na melhor doutrina internacional –, a obra está inteiramente adaptada ao direito brasileiro, especialmente em face da Lei nº 9.613, de 1998, que dispõe sobre os crimes de "lavagem" ou ocultação de bens, direitos e valores.

Em seu texto rigorosamente científico, mas ao mesmo tempo enxuto e de leitura agradável, o autor enfrenta inicialmente as dificuldades advindas da necessidade de criação de novos tipos penais com a finalidade de proteger a economia e o mercado financeiro, e que constituem objeto do chamado Direito Penal Econômico; em seguida, passa a tratar especificamente das atividades ilícitas que configuram a chamada "lavagem" de dinheiro, detendo-se na análise de suas características, técnicas e fases para, a partir daí, discutir as principais questões penais e processuais que decorrem de sua incriminação pelo legislador: bem jurídico protegido, participação criminal, tipicidade, erro, prova do delito antecedente, conseqüências jurídicas etc. são abordados à luz das mais modernas teorias e de seus desdobramentos práticos.

Conhecendo a sólida formação intelectual do autor, que reputo um dos mais promissores da nova geração de penalistas brasileiros, e tendo testemunhado a dedicação e a seriedade de seus estudos de pós-graduação, constitui para mim verdadeira honra e grata satisfação apresentar esta obra ao público leitor, certo de seu merecido sucesso editorial.

São Paulo, outubro de 2002.

Antonio Magalhães Gomes Filho
Professor Titular de Processo Penal da
Faculdade de Direito da Universidade de São Paulo

Nota prévia

O conteúdo do presente livro corresponde, em parte, com o da minha tese doutoral, defendida sob o título "Blanqueo de capitales: una perspectiva comparada entre los derechos español y brasileño", no dia 19 de setembro de 2001, na Faculdade de Direito da Universidade Autónoma de Madrid e julgada por um tribunal presidido pelo Prof. Dr. Gonzalo Rodríguez Mourullo (Universidad Autónoma de Madrid) e composto pelos Professores Doutores Luis Rodríguez Ramos (Universidad Complutense de Madrid), Antonio García-Pablos de Molina (Universidad Complutense de Madrid), José Miguel Zugaldia Espinar (Universidad de Granada) e José Luis Cuesta Arzamendi (Universidad del País Vasco), que decidiram, por unanimidade, em qualificar o trabalho como *Sobresaliente cum laude*. Agradeço a todos eles tanto a disposição para integrar o tribunal como suas intervenções no ato de defesa, pois me resultaram de grande utilidade. Este agradecimento é extensivo em todo seu alcance ao Prof. Dr. Miguel Bajo Fernández, vogal titular do tribunal acima mencionado e que não pôde participar em face de um contratempo de última hora.

Como ocorre em todo trabalho desta índole, por modesto que seja, são muitas as pessoas que me ajudaram de algum modo para que eu pudesse concluí-lo. Nas linhas que seguem, queria destacar algumas das colaborações mais relevantes no âmbito acadêmico, sendo consciente de que para se fazer justiça, a enumeração de dívidas de gratidão deveria prolongar-se muito mais. À Agência Espanhola de Cooperação Internacional, por conceder-me uma bolsa e possibilitar meus estudos em Madri. Aos Profs. Drs. Manuel Cancio Meliá e Antonio Lascurain Sánchez, pelo apoio e pela amizade em todas as horas vividas dentro e fora da Universidade. Ao Prof. Dr. Julio Diaz-Maroto y Villarejo e sua família, não só pela ajuda acadêmica, mas, principalmente, pela acolhida familiar. À Carmen Gonzáles-Posada (Maki), pessoa extraordinária, mãe adotiva dos estrangeiros na Universidad Autónoma de Madrid, pela compreensão e carinho nas horas difíceis. Aos meus amigos Pedro Krebs e Nereu Giacomolli, que souberam, nos momentos necessários, emprestar a solidariedade e a amizade necessárias. A minha família, que sempre apostou nessa conquista e, de modo muito especial, ao meu irmão Nelson Callegari Júnior, que na semana da defesa mostrou-se incansável em seu apoio. Finalmente, meu agradecimento é dirigido ao meu mestre e diretor dessa investigação doutoral, Prof. Dr. Carlos Suárez González, pelo estímulo necessário desde a minha primeira estada em Madri, ainda como investigador no programa "Intercampus". Sem a sua ajuda, nada disso seria possível.

O livro sofreu algumas alterações em relação à edição anterior, buscando-se atualizá-lo com a novidades introduzidas pela doutrina e pela legislação pertinente à matéria.

Porto Alegre, outono de 2008.

Sumário

1. Conceito de Direito Penal Econômico 15

2. Importância e efeitos da delinqüência econômica 23

3. Criminalidade econômica e crime organizado 27

4. O tráfico de drogas no Brasil e o crime organizado 31

5. O fenômeno da lavagem 35

6. Características do delito de lavagem de dinheiro 37
   6.1. Internacionalização das atividades de lavagem 37
   6.2. Profissionalização do trabalho 38
   6.3. Vocação de permanência 39
   6.4. Complexidade ou variedade dos métodos empregados 40
   6.5. Volume do fenômeno 41
   6.6. Conexão entre redes criminais 42

7. Técnicas ou fases da lavagem 45
   7.1. Fase de ocultação ou colocação 45
       7.1.1. Colocação através de entidades financeiras 46
       7.1.2. Fracionamento 46
       7.1.3. Cumplicidade bancária 47
       7.1.4. Emprego abusivo das exceções da obrigação de identificar ou
              de comunicar 48
       7.1.5. Colocação mediante instituições financeiras não-tradicionais 48
       7.1.6. Mistura de fundos lícitos e ilícitos 49
       7.1.7. Contrabando de dinheiro 49
       7.1.8. Aquisição de bens com dinheiro 50
   7.2. Fase de mascarar ou de escurecimento 52
       7.2.1. A conversão do dinheiro em instrumentos financeiros 53
       7.2.2. Aquisição de bens materiais com dinheiro e sua posterior
              troca ou venda 53
       7.2.3. Transferência eletrônica de fundos 54
   7.3. Fase de integração ou reinversão 55
       7.3.1. Venda de bens imóveis 56
       7.3.2. Interposição de testas-de-ferro, empresas fantasmas e empréstimos
              simulados 57
       7.3.3. Cumplicidade de bancos estrangeiros 59
       7.3.4. Falsas faturas de importação/exportação 59

8. Conceito de lavagem 65

9. Características do delito de lavagem de dinheiro 67

10. O bem jurídico protegido 73

11. As condutas típicas II: o tipo objetivo no Direito Penal Brasileiro 87
    11.1. Sujeito Ativo 87
    11.2. *Excurso*. A autoria e a participação no delito de lavagem de
    dinheiro no Brasil 93
        11.2.1. Autoria 93
        11.2.2. Autoria mediata 98
        11.2.3. Co-autoria 99
        11.2.4. Participação 102
        11.2.5. Formas de participação. Instigação e cumplicidade 103
        11.2.6. A instigação 103
        11.2.7 A cumplicidade 104
        11.2.8. A participação de menor importância 105
        11.2.9. A amplitude do conceito de participação na lei de lavagem 106
    11.3. Condutas Típicas 107
        11.3.1. O artigo 1º da Lei de Lavagem 107
        11.3.2. A "ocultação" da natureza dos bens 108
        11.3.3. A "dissimulação" da natureza dos bens 108
        11.3.4. A "conversão" dos ativos ilícitos 110
        11.3.5. Outras condutas típicas 111
    11.4. O Objeto Material do Delito de Lavagem no Brasil 115
        11.4.1. Exposição inicial 115
        11.4.2. Os "bens" como objeto da ação 116
        11.4.3. A ocultação ou dissimulação dos "valores" 118
        11.4.4. A ocultação ou dissimulação da "natureza" dos bens 118
        11.4.5. A ocultação ou dissimulação da "origem" dos bens 119
        11.4.6. A ocultação ou dissimulação da "localização" dos bens 120
        11.4.7. A ocultação ou dissimulação da "disposição" dos bens 120
        11.4.8. A ocultação ou dissimulação da "movimentação" dos bens 120
        11.4.9. A ocultação ou dissimulação da "propriedade" dos bens 121
    11.5. O Delito Prévio na Lei Brasileira 121
        11.5.1. O termo *crime* e sua análise 123
        11.5.2. O grau de execução do delito prévio no Brasil 127
        11.5.3. O delito prévio e suas considerações na lei brasileira 128
        11.5.4. A prova do delito prévio 129
        11.5.5. Delitos prévios cometidos no estrangeiro 131
    11.6. Os crimes antecedentes previstos na Lei 9.613/98 137
        11.6.1. Tráfico de drogas 137
        11.6.2. Terrorismo e seu financiamento 139
        11.6.3. Contrabando ou tráfico de armas 140
        11.6.4. Extorsão mediante seqüestro 140
        11.6.5. Crimes contra a Administração Pública 141
        11.6.6. Crimes contra o Sistema Financeiro Nacional 142
        11.6.7. Crimes praticados por uma organização criminosa 143
        11.6.8. Crimes praticados por particular contra a Administração Pública
        Estrangeira 149

12. As condutas típicas: o tipo subjetivo 151
    12.2. O tipo subjetivo no Direito Penal brasileiro 151

12.2.1. O dolo direto 151
12.2.2. O momento do conhecimento 153
12.2.3. O erro na lei brasileira 155
13. As conseqüências jurídicas 159
13.1. A comissão habitual do crime ou através de organização criminosa 159
13.2. O confisco na lei brasileira 160
13.3. A interdição do exercício de cargo ou função 162
13.4. As conseqüências para o arrependido 163
Bibliografia 167

1. Conceito de Direito Penal Econômico

Para iniciar uma análise do fenômeno do delito de lavagem de dinheiro, torna-se necessário o estudo do Direito Penal Econômico, ou, ao menos de seu conceito, pois o processo de lavagem, ainda que nem sempre esteja conectado com os delitos econômicos, termina por afetar a estrutura econômica dos países.

O denominado Direito Penal Econômico vem recebendo cada vez mais atenção nos últimos anos, pois, em vários países, é cada vez mais discutido o seu ramo de atuação. Muitos códigos penais não continham uma moderna legislação específica sobre o Direito Penal Econômico, pois mantinham os tradicionais delitos patrimoniais. Atualmente, pode-se notar que as reformas nas legislações penais de diversos países incluem num capítulo do Código Penal os delitos contra a ordem socioeconômica, como ocorreu, por exemplo, na reforma realizada na Espanha em 1995.

De acordo com isso, o legislador tenta combater a denominada criminalidade econômica, ou seja, com a criação de novos tipos penais acredita que se possam eliminar algumas condutas que aparecem agora como produto dos crimes que já existiam, mas, que na atualidade, acabam se destacando.[1]

Ao iniciarmos este estudo, devemos indagar qual a origem do Direito Penal Econômico. Ou melhor, por onde devemos começar o estudo dos crimes que afetam a economia. Sutherland utilizava uma definição para os denominados crimes de "colarinho branco", que foi adaptada para os delitos contra a ordem econômica.

Para Sutherland, o conceito de crime de "colarinho branco" deve ter cinco elementos: a) ser um crime; b) ser cometido por uma pessoa respeitável; c) esta pessoa deve pertencer a uma camada so-

---

[1] Sobre o tema, CALLEGARI, André Luís. "Legitimidade constitucional do Direito Penal econômico: uma crítica aos tipos penais abertos". *Revista dos Tribunais*. São Paulo, ano 95, setembro de 2006, vol. 851, p. 432 e ss.

cial alta; d) estar no exercício de seu trabalho e, por fim, e) constituir uma violação da confiança.[2] Portanto, a criminologia define a criminalidade econômica como sendo relativa *as infrações lesivas da ordem econômica cometidas por pessoas de alto nível socioeconômico no desenvolvimento de sua atividade profissional*.[3]

Com os novos conceitos e a evolução da sociedade no plano econômico e social, pode-se constatar uma progressiva ressonância política e jurídica dos imperativos éticos de solidariedade, sob a mediação de Estado social.

Como há novos interesses a proteger, o Estado passa a preocupar-se com novos ramos de atuação como a saúde, a previdência social, a economia, etc. Mas, ainda que o Estado tente controlar este tipo de criminalidade criando novos tipos penais, as dificuldades começam já na aplicação efetiva destas medidas. Os crimes contra a ordem socioeconômica são de difícil investigação e, quando chegam à Justiça, as condenações muitas vezes são simbólicas ou terminam por sentenças absolutórias.[4] Ademais, existem exemplos claros de benesses concedidas aos grandes devedores, reguladas, até mesmo, por medidas provisórias que permitem a suspensão do tipo penal caso o acusado parcele a dívida e mantenha-se adimplente com o credor (INSS).[5]

É certo que existem muitas dificuldades para a realização do Direito Penal Econômico, mas desde que a criminologia começou com seus conceitos até os dias de hoje, tivemos uma evolução legislativa, uma nova tipificação de delitos e uma modernização processual. De acordo com isso, o Direito Penal Econômico hoje deve ser visto como um ramo de Direito Penal necessário, até mesmo, para um melhor controle da economia dos países. Apesar disso, há muitas indagações na doutrina sobre a necessidade da intervenção do Direito Penal, pois sempre se defendeu a sua intervenção mínima, é dizer, o Direito Penal deve ser a *ultima ratio*. Ainda assim, existem

---

[2] SUTHERLAND, Edwin H. *White Collar Crime*, in MANNHEIM, Hermann, *Criminologia Comparada*, v. II, Fundação Calouste Gulbenkian, Lisboa, traducción de J.F. Faria Costa y M. Costa Andrade, p. 738.

[3] BAJO FERNARDEZ, Miguel. *Manual de Derecho Penal, Parte Especial*, Editorial Ceura, Madrid, 1987, p. 399.

[4] FIGUEIREDO DIAS, Jorge e DA COSTA ANDRADE, Manuel. *Criminologia*, Coimbra Editora, 1984, p. 536.

[5] CALLEGARI, André Luís, "A medida provisória n. 1.571-6, de 25.9.97 – *Abolitio criminis ou novatio legis in melius* nos crimes de não recolhimento das contribuições previdenciárias". *Boletim do IBCCrim*, 1997, n. 61, p. 17/18.

casos em que se faz necessária a intervenção do Direito Penal, mas somente em alguns casos, pois sempre que se possa utilizá-lo como última medida será a medida mais correta.[6]

Para Tiedemann, porém, algumas perguntas devem ser feitas sobre a política econômica e a política criminal como: deve um Estado proteger jurídico-penalmente a economia e os atores econômicos ou deve, pelo contrário, pôr aos empresários as menores restrições possíveis em favorecimento de um suspeito crescimento econômico? Deve o legislador penal prever uma regulação aberta no Código Penal ou deve relegar a regulação dos delitos econômicos à legislação penal especial e, nesse marco, deixá-los à potestade sancionadora da Administração econômica – configurando-lhes, especialmente, como infrações administrativas? Deve o legislador conformar os tipos penais econômicos de modo acessório ao Direito Econômico ou deve empreender uma regulação jurídico-penal autônoma?[7]

As indagações têm fundamento porque muitas vezes se tem a impressão de que a criação de tipos penais serve para resolver os problemas que a administração não consegue, é dizer, problemas tributários, fiscais, previdenciários etc. Assim, as perguntas de Tiedemann merecem atenção, pois em alguns casos a criação de tipos penais não surtirá qualquer efeito, uma vez que nem sempre se conseguirá o esperado, isto é, não são os novos tipos penais ou a intervenção do Direito Penal que solucionarão os problemas da economia de um país.[8]

No Brasil, o governo freqüentemente tenta solucionar os problemas relacionados com a economia, criando novos tipos penais (vide delitos previdenciários). Ocorre que o problema está na própria administração que, na esfera administrativa, não consegue resolver os problemas dos impostos, da sonegação fiscal, do não-recolhimento de contribuições previdenciárias, ou, de outra natureza, e passa, então, à criação de tipos penais. Ocorre que na maioria dos casos a lei penal não soluciona os problemas e, além disso, acaba por incidir, ao menos no Brasil, sobre os pequenos e médios empresários, pois os grandes acabam sempre se beneficiando de soluções políticas,

---

[6] CALLEGARI, André Luís, "O Princípio da Intervenção Mínima no Direito Penal", *Boletim do Instituto de Ciências Criminais*, 1998, n. 70, setembro de 1988, p. 12 e ss.

[7] TIEDEMANN, Klaus, *Hacia un derecho penal económico europeo, jornadas de honor del profesor Klaus Tiedemann*, Estudios Jurídicos, Boletín Oficial del Estado, n. 4, p. 32.

[8] CALLEGARI, André Luís, "A medida provisória n. 1.571-6, de 25.9.97 – *Abolitio criminis* ou *novatio legis in melius* nos crimes de não recolhimento das contribuições previdenciárias". *Boletim do IBCCrim*, 1997, n. 61, p. 17/18.

ou, quando apanhados, a repercussão é tão grande que deixa outros seguirem atuando, como se a prisão de um resolvesse temporariamente o problema e demonstrasse à sociedade que o Direito Penal também atinge as pessoas de classes sociais elevadas.

Uma divagação de natureza política ou mesmo sociológica parece que deva indicar a análise dos crimes de natureza econômica para que se possam compreender algumas características dos mesmos, bem como da persecução relacionada com eles. Pode-se afirmar que se trata de modificações aparentemente operadas no discurso sobre a violência e a criminalidade tradicionalmente praticada pelas elites dos países.

É que o crime sempre foi considerado como uma agressão ao patrimônio ou à vida, tendo como causa a personalidade de cada criminoso, que atua segundo a sua vontade, sem sofrer qualquer influência de fatores externos. Como solução para o problema, sempre se propôs aquela relacionada aos efeitos do delito: em regra, leis mais rigorosas e uma repressão de maior eficácia.[9]

Com esta posição que adotam as sociedades em seus escalões mais privilegiados, necessariamente, divide-se a sociedade em duas: uma sã e outra enferma. Esta parece ser a que detém as tendências criminosas e por isso deve ser combatida, reprimida e penalizada. A outra, se comete delitos, deve ser merecedora de compreensão e de complacência. Sempre a atenção recaiu sobre os delitos tradicionais e parece que os delitos que pertencem ao Direito Penal Econômico não recebiam grande importância da sociedade.

A existência de um Direito Penal Econômico ou sua legitimidade de criminalização de determinados comportamentos é também tema de discussão.[10]

Na realidade, temos que utilizar outros tipos penais que não são os clássicos e, com isso, muitos autores dizem que estaríamos frente a uma forte criminalização que vai contra as idéias de uma moderna política criminal[11] da intervenção mínima do Direito Pe-

---

[9] MARIZ DE OLIVEIRA, Antonio Claudio, Reflexões sobre os crimes econômicos, *Revista Brasileira de Ciências Criminais*, ano 3, n. 11, julho-setembro, 1995, Editora Revista dos Tribunais, p. 91.

[10] CORREA, Eduardo, *Direito Penal Económico e Europeu: textos doutrinários*, volume I, problemas gerais, Coimbra Editora, p. 296.

[11] Sobre o tema, CALLEGARI, André Luís e MOTTA, Cristina Reindolff. Estado e Política Criminal: A Expansão do Direito Penal como Forma Simbólica de Controle Social. *Política Criminal, Estado e Democracia*. Rio de Janeiro: Lumen Juris, 2007, p 1 e ss.

nal.[12] Ao adotarmos este caminho, é dizer, da criação de novos tipos penais para o Direito Penal Econômico, parte da doutrina assinala que estaríamos estabelecendo regras que contrariam o princípio de liberdade do exercício das atividades econômicas, essenciais ao sentido da economia de mercado.[13] Este argumento é antigo e superado, pois hoje é certo que o Direito Penal Econômico não constitui um obstáculo para o desenvolvimento da moderna economia de mercado a que se referem alguns autores ou como se entende no mundo ocidental.[14]

Segundo Bajo Fernández, o papel do Direito Penal Econômico, neste sentido, é similar às leis mercantis antimonopólio que perseguem, exclusivamente, evitar os abusos.[15] Sobre a base de impossibilidade de uma concorrência perfeita, cuja formulação teórica foi qualificada de idílica, as restrições penais mercantis tratam de criar o marco idôneo em que a concorrência deve-se desenvolver.[16] Afirmou-se que a defesa da concorrência reconhece o *direito a competir* que detém quem participa profissionalmente no tráfico econômico; a repressão das práticas restritivas estabelece, ademais, o *dever de competir*, o castigo da concorrência ilícita, o *dever de competir lealmente*. Concluindo, o Direito Penal Econômico é paradóxico no sentido de que introduz fortes restrições no mundo econômico precisamente para preservar a liberdade e, essa aparente contradição que tanto assusta, hoje é compreendida e aceita na maioria dos países.[17]

Assinala Tiedemann que o Direito Penal Econômico é um direito interdisciplinar de grande atualidade na ciência do Direito Penal.[18] O Direito Penal Econômico é uma parte do Direito Penal que

---

[12] HASSEMER, Winfried, *Crítica al Derecho Penal de Hoy*, traducción de Patricia S. Ziffer, AD-HOC, 1995, p. 98; ROXIN, Claus, ARTZ, Gunther y TIEDEMANN, Klaus, *Introducción al Derecho Penal y al Derecho Procesal Penal*, traducción de Luis Arroyo Zapatero y Juan-Luis Gómez Colomer, Editora Ariel, 1989, p. 23 y ss.; MIR PUIG, Santiago, *El Derecho penal y en el Estado social y democrático de derecho*, Ariel Derecho, Barcelona, 1994, 151 y ss.; SILVA SÁNCHEZ, Jesús María, *Aproximación al Derecho Penal Contemporáneo*, J. M. Bosch Editor, Barcelona, 1992, p. 246 y ss.; GARCÍA-PABLOS, Antonio, *Derecho Penal, Introducción*, Servicio de Publicaciones de la Facultad de Derecho de la Universidad Complutense de Madrid, Madrid, 2000, p. 377 y ss.; GIMBERNAT ORDEIG, Enrique, *Concepto y método de la ciencia del derecho penal*, Tecnos, Madrid, 1999, p. 23 y ss.; CALLEGARI, André Luís, *O Princípio da Intervenção Mínima no Direito Penal*, Boletim do Instituto de Ciências Criminais, ano 6, n. 70, setembro de 1988, p. 12 y ss.

[13] CORREA, Eduardo, *Direito Penal Económico Europeu: Textos Doutrinários*, p. 297.

[14] BAJO FERNÁNDEZ, Miguel, *Hacia un Derecho Penal Económico Europeo*, 1995, p. 64.

[15] Id. ibidem.

[16] Id. ibidem.

[17] Id.. ibidem.

[18] TIEDEMANN, Klaus, *Lecciones de Derecho Penal Económico*, PPU, Barcelona 1993, p. 27. PEÑA CABRERA, Raúl, *Tratado de Derecho Penal*, parte especial, t. III, Ed. Jurídicas, Lima 1994,

LAVAGEM DE DINHEIRO

protege a ordem econômica, é dizer, seu objeto de proteção é a ordem econômica. Os autores habitualmente distinguem um conceito estrito e um conceito amplo de delito econômico. Esta diferença foi tomada em consideração já no projeto alternativo do Código Penal alemão, na redação do Título segundo da Parte Especial, "delitos contra a economia", em consonância com a posição da literatura alemã especializada, e posteriormente foi assumida também pela doutrina espanhola nos projetos espanhóis do novo Código Penal.[19]

Em sentido estrito, o Direito Penal Econômico é o conjunto de normas jurídico-penais que protegem a ordem socioeconômica, entendido como regulação jurídica do intervencionismo estatal na Economia.[20] Bajo Fernández assinala que a intervenção do Estado e do Direito em zonas antes abandonadas à livre iniciativa é o que, em princípio, se denomina Direito Econômico. O que caracteriza o Direito Penal Econômico é ser um grau de intervenção estatal na economia, precisamente o mais intenso do intervencionismo mediante o exercício do *ius puniendi*. A finalidade e a função do Direito Penal Econômico não é outra coisa que a sublimação da finalidade e a função do intervencionismo: cumprir as exigências de uma valoração diferente do imperativo de justiça na ordem das relações sociais e econômicas. Estas novas exigências se plasmam na necessidade hoje assumida de proteger a economia em seu conjunto a ordem econômica, a economia nacional colocada ao amparo do novo intervencionismo estatal, como interesses distintos aos particulares de propriedade patrimônio e fé contratual.[21]

De acordo com isso, o Estado, diante de uma nova criminalidade, passa à criação de novos tipos penais com a intenção de proteger

---

p. 124, Numa definição similar, diz que o Direito Penal econômico é um direito interdisciplinar que protege a ordem econômica como última *ratio*, é dizer, o último recurso utilizado pelo Estado e logo depois de haver lançado mão de todos os instrumentos de política econômica ou de controle de que dispõem para uma eficaz luta contra as diversas formas de criminalidade econômica. As graves disfunções e crises socioeconômicas justificam a intervenção do Estado em matéria econômica e recorrer ao Direito Penal para resolvê-los e assegurar o bem-estar comum; MUÑOZ CONDE, Francisco, em *Delincuencia Económica: Estado de la Cuestión y Propuestas de Reforma*, Hacia un Derecho Penal Económico Europeo, p. 283, assinala a importância do Direito penal econômico e seu êxito no futuro, mas adverte que enquanto não se demonstre o contrário, são as categorias e princípios gerais do Direito Penal em seu conjunto as que devem ser empregadas para resolver seus problemas.

[19] BUJÁN PÉREZ, Carlos Martínez, *Derecho Penal Económico*, Parte General, Valencia 1998, Tirant lo blanch, p. 33.

[20] BAJO FERNÁNDEZ, Miguel, *Manual de Derecho Penal, parte especial*, Editorial Ceura, 1987, p. 394.

[21] Id. ibidem.

a economia e o mercado financeiro. Com a modernização da economia, das transações bancárias, da informática, o Estado tem que criar uma forma de proteção e, para isso, utiliza o Direito Penal.[22]

---

[22] SILVA SÁNCHEZ, Jesús-María, *La expansión del Derecho penal. Aspectos de la política criminal en las sociedades postindustriales*, Civitas, Madrid, 1999, p. 74; VOLKMER DE CASTILHO, Ela Wiecko, *O Controle Penal nos Crimes Contra o Sistema Financeiro Nacional*, Del Rey Editora, Belo Horizonte, 1998, p. 110, refere que o conceito normativo da criminalidade econômica não está sedimentado no Brasil.

2. Importância e efeitos da delinqüência econômica

É necessário salientar que não temos o costume de olhar os dados estatísticos dos delitos econômicos, pois, geralmente, dizem respeito aos denominados delitos tradicionais (homicídios, lesões, furtos, roubos, etc.). Mas, a nosso juízo, os delitos econômicos produzem danos muito maiores do que os tradicionais ou cometidos com violência. Esta afirmação somente é admissível levando em conta que, como veremos, também a delinqüência econômica lesiona a vida e a integridade física das pessoas. Para isso, basta que se verifique que toda criminalidade econômica tem repercussão nos serviços do Estado. Assim, quando se defrauda a previdência, o fisco, etc., o Estado se fragiliza e passa a não prestar um bom serviço. É evidente que tais conseqüências têm repercussão na vida e na integridade física das pessoas, porém, não de maneira direta como na comissão da maioria dos delitos tradicionais em que a repercussão aparece, normalmente, em seguida.

Os danos característicos da criminalidade econômica são os financeiros.[23] As cifras que são manuseadas em todos os países escapam de toda a previsão. No Brasil, não existe uma estimativa das cifras que são manuseadas e que são provenientes da criminalidade econômica, mas, com segurança, são milhões de reais todos os anos. Assim, podemos afirmar que os danos econômicos superam a totalidade dos causados pelo resto da criminalidade tradicional.

Também existem outros danos materiais que se igualam aos financeiros e que, por sua vez, refletem em lucro para as empresas, apesar de não afetarem diretamente a economia. São danos que atentam contra a vida, a saúde e a integridade física. Estes decorrem das fraudes de alimentos, da manipulação de medicamentos,

---

[23] Nesse sentido, BUSTOS RAMÍREZ, Juan, *Coca-cocaína, entre el Derecho y la guerra*, 2ª ed. Editorial Temis, Santa Fe de Bogotá, 1996, p. 22 y ss.

cosméticos, etc. Nesse sentido, o Brasil superou, nos últimos anos, todos os índices de adulteração de medicamentos até agora vistos. Houve adulteração de contraceptivos, de remédios contra o câncer e outros mais simples. De todas as formas, não são imagináveis ainda os danos provenientes destas adulterações com respeito à saúde e à integridade física da população, porém, com certeza, houve um grande benefício financeiro com esta adulteração. O mesmo ocorre em outros setores da indústria como, por exemplo, na de alimentos, onde não existe um controle rigoroso, o que termina causando muitos danos às pessoas e uma enorme quantidade de dinheiro arrecadado pelas empresas que não cumprem as normas exigíveis.

Há também os "danos imateriais", que a literatura refere como a perda de confiança no tráfico mercantil, a deformação do equilíbrio de mercado e a eliminação da concorrência.[24] Os danos imateriais não se produzem de forma imediata, pois demoram mais a produzir seus efeitos. Por exemplo, quem elide suas obrigações com a previdência social para poupar dinheiro para sua empresa realiza uma infração cujos efeitos sofre diretamente o Instituto Nacional do Seguro Social. Mas, além disso, sofrem também os segurados, pois os serviços prestados tendem a piorar com a falta de ingresso dos recursos devidos pelos contribuintes.[25]

Bajo Fernández menciona que os efeitos característicos da criminalidade econômica são: o de ressaca ou espiral, cuja descrição é a seguinte: num mercado de forte concorrência, a deslealdade se produz quando se esgotam as possibilidades legais de luta. Nesta situação, quem primeiro delinque acaba pressionando o resto à comissão de novos fatos delitivos (*efeito de ressaca*), e cada participante se converte assim no centro de uma nova ressaca (*efeito de espiral*). Este efeito de especial contágio se encontra facilitado porque o autor potencial é consciente do número enorme de delitos econômicos, da importância da cifra negra e da benignidade das penas previstas nas leis, suscitando uma imagem amável e positiva do criminoso.[26]

---

[24] Göppinger, 431-432, em BAJO FERNÁNDEZ, Miguel, La Delincuencia Económica. *Un Enfoque Criminologico y Político Criminal, Anuario de Derecho Penal y Ciencias Penales*, Tomo XLV, Fascículo I, Enero-Abril, MCMXCII, Ministerio de Justicia, Madrid, p. 590.

[25] No Brasil, existe uma grande quantidade de processos contra os responsáveis pelas empresas que não pagam a contribuição social de seus empregados e hoje estima-se que grande parte das demandas judiciais federais é por este delito (artigo 168 – A, CP).

[26] BAJO FERNÁNDEZ, Miguel, p. 591. Também, DIAZ-MAROTO VILLAREJO, Julio. *Los delitos societarios en la reforma penal, en "Hacia un derecho penal económico europeo.* Jornadas en honor del Profesor Klaus Tiedemann", Boletín Oficial del Estado, Madrid 1995, p. 152.

O que ocorre na realidade é que os autores conhecem as dificuldades que existem na investigação dos delitos econômicos, já que a cifra negra é muito grande. Isso se deve ao fato de que a maior parte deles não chega ao conhecimento das autoridades, gerando uma certeza de impunidade, ou, ao menos, uma certeza de que vale a pena arriscar e cometer algum delito econômico, já que a chance de ser descoberto é remota. Ademais, como são delitos que exigem em sua maioria uma prova contábil, a dificuldade torna-se ainda maior, pois é necessário contar com pessoas especializadas na investigação do fato.[27]

O outro problema que enfrentamos é no tocante à aplicação das penas. Os delitos econômicos, em sua maioria, não possuem penas elevadas e, mesmo os que possuem, permitem a substituição por uma pena mais leve, o que acaba levando a crer que a pena privativa de liberdade não será aplicada (art. 44, CP). Não que se defenda a sua aplicação, pois nem sempre ela é necessária, mas as penas pecuniárias, nestes casos, deveriam ser mais elevadas, expropriando-se do condenado os valores ilicitamente obtidos. Outro fator que deve ser mencionado é que geralmente a pessoa que comete um delito econômico tem uma boa imagem perante a sociedade, pois habitualmente são pessoas que colaboram com instituições de caridade, educacionais etc. Assim, a imagem que se tem deste tipo de criminoso é positiva, como se as boas obras compensassem o delito praticado.[28]

---

[27] CERVINI, Raúl, Macrocriminalidad económica, *Revista Brasileira de Ciências Penais*, ano 3, n. 11, jul./set., Revista dos Tribunais, São Paulo, 1995, p. 54, assinala que a defasagem existente entre os níveis profissionais e técnicos dos operadores do controle social e funcionários encarregados da supervisão do sistema financeiro, com os que detêm alguns grupos delitivos organizados que operam na área, facilita e estimula o empreendimento deste tipo de ação.

[28] SAN MARTÍN LARRINOA, Begoña, *Derecho penal económico y tributario*, en Hacia un Derecho Penal Económico Europeo, p. 359, assinala que os poderes do Estado contemplam com benevolência a comissão de fatos delitivos denominados de colarinho branco. Indulgência também manifestada por uma parte da opinião pública, já que existe numa pequena medida dentro da coletividade uma autêntica consciência social de reprovação aos delitos econômicos. A suavidade na reação pública tem explicação, entre outras razões, pelo materialismo que reina na sociedade, que desemboca, em muitas ocasiões, para a conseqüência do êxito social ou econômico sem reparar na possível ilicitude ou falta de ética mostrada nos meios utilizados para isso. Esta realidade social conduz à identificação entre muitos cidadãos e os delinqüentes dessa índole, que são contemplados com uma certa admiração e como um modelo a imitar.

3. Criminalidade econômica e crime organizado

Necessariamente, a criminalidade econômica não está vinculada à criminalidade organizada.[29] Porém, na maioria das vezes existe uma organização criminosa que atua na comissão destes delitos, seja por sua estrutura internacional, seja pelo tipo de delito realizado. Isso significa que nestes casos dificilmente a comissão do delito será por uma só pessoa. Portanto, pode-se afirmar que os grandes delitos econômicos requerem uma estrutura para a sua realização.

O primeiro passo é estabelecer o que se entende por uma organização criminosa.[30] A doutrina assinala que a criminalidade organizada significa a criminalidade de vários membros da sociedade, que mais que para um fato concreto, se associam geralmente por tempo indeterminado e organizam sua atividade criminal como se fosse um projeto empresarial.[31] Também assinala a doutrina que é uma entidade coletiva ordenada em função de estritos critérios de racionalidade. Como se fossem peças que se integram a uma sólida estrutura, cada um de seus membros realiza uma determinada função para qual se encontra especialmente capacitado em razão de suas aptidões ou possibilidades pessoais.[32]

---

[29] SUÁREZ GONZÁLES, Carlos, Blanqueo de capitales y merecimiento de pena: consideraciones críticas a la luz de la legislación española, en *Cuadernos de Política Criminal*, n. 58, Madrid, 1996, p. 125, refere o aumento da lavagem de capitais pelas organizações criminosas.

[30] ZAFFARONI, Eugenio Raúl, "Crime organizado": uma categorização frustrada, *in Discursos Sediciosos*, ano 1, número 1, Editora Relume Dumará, Rio de Janeiro, 1996, p. 45 e ss., faz uma crítica sobre a intenção de conceituar o crime organizado; GUZMÁN DALBORA, José Luis, *Del bien jurídico a la necesidad de la pena en los delitos de asociaciones ilícitas y lavado de dinero*, in Revista Brasileira de Ciências Criminais, ano 8, n. 30, abril-junho, RT, São Paulo, 2000, p. 11 e ss.

[31] BOTTKE, Wilfried, *Mercado, criminalidad organizada y blanqueo de dinero en Alemania*, en Revista Penal, n. 2, 1998, p. 2; FERRÉ OLIVÉ, Juan Carlos, "Blanqueo" de capitales y criminalidad organizada, en *Delincuencia Organizada*, Universidad de Huelva, Fundación el Monte, 1999, p. 88.

[32] FABIÁN CAPARRÓS, Eduardo, *El Delito de Blanqueo de Capitales*, Colex, 1998, p. 37.

Hassemer, fazendo uma crítica aos conceitos de organização criminosa utilizados pela doutrina, menciona que a criminalidade organizada é menos visível que a criminalidade de massa e que os especialistas ainda não conseguiram chegar a um consenso sobre em que ela consiste. A participação de bandos bem organizados ou a atividade criminosa em base habitual e profissional não são critérios suficientemente claros. Tais características já são conhecidas desde que se passou a conviver com a moderna criminalidade, estão presentes em praticamente todas as formas de criminalidade e por isso tornam o conceito supérfluo. O que é criminalidade organizada, como ela se desenvolve, quais suas estruturas e perspectivas futuras não há como precisar.[33]

De todas as formas, Hassemer propõe uma série de fatores para conceituar uma organização criminosa e assinala que é um fenômeno cambiante que segue mais ou menos as tendências dos mercados nacionais e internacionais, o que a torna difícil de ser isolada; compreende uma gama de delitos sem vítimas imediatas ou com vítimas difusas (tráfico de drogas, corrupção) que não são levadas ao conhecimento das autoridades pelo cidadão; intimida as vítimas, quando elas existem, a não levarem os fatos ao conhecimento da autoridade e para que não façam declarações; possuem tradicionais solos férteis em bases nacionais e em outros países; dispõem de múltiplos disfarces e simulações.[34]

No Brasil, Silva Franco adota um conceito semelhante e acrescenta que, além das características enumeradas por Hassemer, a criminalidade organizada detém um grande poder baseado numa estratégia global numa estrutura organizada que permite aproveitar as fragilidades estruturais do sistema penal; provoca grandes danos sociais; dispõe de meios instrumentais de moderna tecnologia; apresenta um intrincado esquema de conexões com outros grupos criminosos e uma rede subterrânea de ligações com os quadros oficiais da vida social, econômica e política da comunidade; origina atos de extrema violência; expõe um poder de corrupção de difícil

---

[33] HASSEMER, Winfried, Segurança Pública no Estado de Direito, Tradução de Carlos Eduardo Vasconcelos, in *Revista Brasileira de Ciências Criminais*, ano 2, n. 5, janeiro/março de 1994, RT, São Paulo, p. 58; No mesmo sentido, HASSEMER, Winfried, Límites del estado de derecho para el combate contra la criminalidad organizada, *Revista Brasileira de Ciências Criminais*, ano 6, n. 23, julho-setembro, Revista do Tribunais, São Paulo, 1998, p. 26.

[34] HASSEMER, Winfried, Segurança Pública no Estado de Direito, *Revista Brasileira de Ciências Criminais*, p. 59 e 60. Nesse sentido, FARIA COSTA, José, El Blanqueo de Capitales (Algunas reflexiones a la luz del Derecho penal y de la política criminal, en *Hacia un Derecho Penal Económico Europeo*. Jornadas en honor de Prof. Klaus Tiedemann, Ed. BOE, 1995, p. 662.

visibilidade; utiliza disfarces e simulações, em resumo, é capaz de tornar inertes os Poderes do próprio Estado.[35]

Castaldo, ao analisar o problema do crime organizado na Itália, define-o como crime associativo, normalmente exteriorizado em comportamentos lícitos, agressivos de interesses supra-individuais e imateriais, emergente de uma organização ramificada e presente no território graças à conivência com poderes institucionais.[36]

De acordo com as idéias expostas, Cervini menciona que o crime organizado possui uma estrutura coordenada, estratégia global de projeção transnacional, ingentes meios, influências, possibilidade de alcançar a *network* ilícitos caracterizados por acentuada especialização profissional, alta tecnologia e outras características e que situam seus integrantes nas melhores posições para usufruir ou prevalecer-se de nossos sistemas penais através de um manejo quase arbitrário das diferentes variáveis de poder que se traduz numa virtual impunidade de seus atos.[37]

Por sua vez, Mingardi utiliza um conceito de "crime organizado tradicional" e assinala que é um grupo de pessoas que têm como objetivo atividades ilícitas e clandestinas e que possuem uma hierarquia própria e capaz de planejamento empresarial, que compreende a divisão de trabalho e o planejamento de lucros. As atividades baseiam-se no uso da violência e da intimidação, tendo como fonte de lucro a venda de mercadorias e serviços ilícitos, sendo protegida por alguns setores do Estado. Tem como característica a imposição da lei do silêncio e o controle através da força de determinação do espaço territorial.[38]

Assim, a maioria dos autores tenta abarcar o fenômeno da criminalidade organizada numa definição de poucas palavras. Entretanto, Fabián Caparrós menciona que não foi possível chegar a um conceito conclusivo, pois a enumeração de uma série mais ou menos extensa de traços por parte de cada um dos autores que tentou definir o fenômeno não serviu para definir esta realidade de uma vez

---

[35] SILVA FRANCO, Alberto, *Boletim do Instituto Brasileiro de Ciências Criminais*, Ano 2, n° 21, setembro/1994, p. 5.

[36] CASTALDO, Andrea R., La criminalidad organizada en Italia: la respuesta normativa y los problemas de la praxis, *Revista Brasileira de Ciencias Criminais*, ano 7, n. 27, julho-setembro, Revista dos Tribunais, Sao Paulo, 1999, p. 19.

[37] CERVINI, Raúl, em GOMES, Luiz Flávio; CERVINI, Raúl, *Crime Organizado*, RT, São Paulo, 1995, p. 264.

[38] MINGARDI, Guaracy, *O Estado e o Crime Organizado*, Instituto Brasileiro de Ciências Criminais, n. 5, São Paulo, 1998, p. 82 e 83.

por todas. Em sua opinião, ocorre o contrário, pois se a análise isolada de cada proposta revela certas omissões, o estudo comparativo das mesmas expõe freqüentes divergências e contradições.[39]

Ainda que não exista um conceito definido de criminalidade organizada, sua vinculação com o crime de lavagem de dinheiro é estreita, pois as características deste delito requerem alguns requisitos que são identificáveis com a estrutura das organizações criminosas. Basta observar que alguns dos delitos prévios dos quais provêm os bens objeto de lavagem já requerem, pela sua estrutura, uma organização para sua comissão.[40]

Ao menos se pode concluir uma coisa: as conseqüências em termos de disfuncionalidade que o mecanismo do crime organizado produz no sistema da vida social e marcadamente no mercado. O peso específico alcançado pelo crime organizado termina, com efeito, em falsificar a liberdade do sistema econômico, alterando a igualdade de condições e as mesmas regras de jogo do mercado, de modo que os efeitos negativos da ingerência de tipo mafiosas no circuito econômico-financeiro se propagam em grande escala, numa sorte de diabólica reação em cadeia.[41] A presença da criminalidade organizada na economia limita a liberdade de acesso e a oportunidade de novos investimentos e de consumo, altera o funcionamento do mercado, da propriedade e do trabalho e acaba prejudicando o saudável desenvolvimento econômico.[42]

---

[39] FABÍAN CAPARRÓS, Eduardo, *El Delito de Blanqueo de Capitales*, p. 35.

[40] Nesse sentido, BACIGALUPO, Enrique, *Curso de Derecho Penal Económico*, p. 195, assinala que "a lavagem, ou reciclagem de dinheiro converteu-se num tema central da política criminal dirigida à criminalidade organizada".

[41] CASTALDO, Andrea R., *La criminalidad organizada en Italia: la respuesta normativa y los problemas de la praxis*, p. 19; Nesse sentido, LISA MACCARI, Anna, Brevi appunti sui profili penalistici in materia di riciclaggio, en *Il Riciclaggio del Denaro Nella Legislacione Civile e Penale*, Giuffrè Editore, Milano, 1996, p. 245.

[42] FATTORI, Piero, *Criminalità economica e concorrenza*, en Il Reciclaggio del Denaro Nella Legislazione Civile e Penale, Giuffrè Editore, Milano, 1996, p. 627.

4. O tráfico de drogas no Brasil e o crime organizado

Até os anos 80, o Brasil era considerado um mercado secundário e servia apenas de corredor para a exportação da droga de Bolívia, Colômbia e Peru, pois 98% da droga produzida por eles eram destinadas ao mercado mundial. Os países produtores têm cada vez mais ramificações em outros países, inclusive, no Brasil, com a característica que o narcotráfico organiza, e impõem uma divisão regional e internacional em todos os aspectos e níveis de sua atividade.[43]

De acordo com isso, um número crescente de grupos, setores, processos, países, espaços e circuitos é incorporado à órbita do tráfico e suas organizações. Alguns se especializam na produção da matéria-prima e na elaboração industrial da droga, enquanto outros são responsáveis pelo transporte e as comunicações, a distribuição, a comercialização, a proteção, a prestação de serviço conexos, a lavagem de dinheiro, os reinvestimentos ilícitos ou os novos investimentos na economia formal. Assim, o narcotráfico atribui diferentes papéis e tarefas aos países em sua órbita, de produção, trânsito, consumo, lavagem de dinheiro, que com o tempo e a mudança de situações podem redesignar-se e recombinar-se de maneira diferente.[44]

Na década de 90, o Brasil se firmou como o maior intermediário da droga enviada da Colômbia para os Estados Unidos e a Europa.

---

[43] Nesse sentido, KAPLAN, Marcos, *Economía criminal y lavado de dinero*, en Boletín Mexicano de Derecho Comparado, 1996, p. 217; CHERIF BASSIOUNI, M.; S. GUALTIERI, Mecanismos internacionales de control de las ganancias procedentes de actividades ilícitas, en *Revista de Derecho Penal y Criminología*, assinalam os perigos do tráfico de drogas e sua infiltração nas atividades financeiras e comerciais legítimas. Assim, o dinheiro das drogas corrompeu não só os negócios legítimos, senão também as estruturas políticas e administrativas tanto nos países desenvolvidos como naqueles em desenvolvimento.

[44] KAPLAN, Marcos, *Economía criminal y lavado de dinero*, p. 218.

É o maior produtor de éter e acetona da América Latina, substâncias que são utilizadas na produção da cocaína.

O governo da Colômbia afirma que 20% dos produtos químicos para a produção da droga são originários do Brasil. Os traficantes da Colômbia seguem usando o Brasil para a exportação da droga e, segundo o informe sobre Estratégia Internacional de Controle de Narcóticos elaborado pelo Departamento de Estado Norte-Americano no ano de 2000, o Brasil constitui o maior país de tráfico de drogas para os Estados Unidos.[45]

Devido à grande extensão territorial do Brasil, os traficantes de drogas têm facilidades pela quantidade também de aeroportos clandestinos, cuja existência é omitida pelas autoridades da aeronáutica. Estima-se que existem no país cerca de 3000 pistas clandestinas. Como as aeronaves que transportam drogas não necessitam de muito espaço, as pistas são construídas em pequenas fazendas no interior das cidades.

Ainda que não exista uma informação precisa, o narcotráfico no Brasil movimenta entre 5% a 10% de todo volume de drogas do mundo. De acordo com a Organização das Nações Unidas, o comércio de drogas globalizado move US$ 400 bilhões ao ano, o que significa que no Brasil se maneja com uma quantia de US$ 20 bilhões a US$ 40 bilhões todos os anos.[46]

Para dar aparência de legalidade a esta grande soma de dinheiro, os traficantes têm que lavá-lo. Assim, um dos instrumentos mais utilizados no Brasil para a lavagem são as contas bancárias chamadas CC-5, introduzidas em 1969. Estas permitem que as empresas multinacionais estabelecidas no Brasil e empresas brasileiras com negócios no exterior possam enviar divisas para fora do país. Coincide também com o procedimento legal utilizado pelos brasileiros para o envio de dinheiro para os que vivem no estrangeiro.

Uma investigação do Ministério Público revelou que muitas dessas contas CC-5 são utilizadas para a lavagem de dinheiro. A mesma investigação concluiu que as empresas utilizam testas-de-ferro ou empresas fantasmas para a remessa de dinheiro e entre 1992 e 1998 R$ 124 bilhões foram enviados ao exterior, mas não se sabe ainda que percentual foi utilizado pelos lavadores.[47]

---

[45] MAGALHÃES, Mario, *O Narcotráfico*, PubliFolha, São Paulo, 2000, p. 33.

[46] Idem, p. 28.

[47] MAGALHAES, Mario, *O Narcotráfico*, p. 66.

Uma coisa é certa: o tráfico de drogas, para movimentar todas essas somas, exige uma associação organizada, com perfil empresarial e cujo objetivo é obter lucro e poder. As investigações das Comissãos Parlamentares de Inquérito revelaram que a organização profissional envolve também policiais, membros dos Poderes Legislativo, Executivo e Judiciário, do Ministério Público e empresários que financiam a droga, razão pela qual em determinadas ocasiões existe a cumplicidade das autoridades no combate ao tráfico de drogas e posterior lavagem, já que estas se beneficiam também dos valores arrecadados.

O narcotráfico insere-se assim numa economia mundial cada vez mais globalizada e interdependente. Parte de suas bases e dentro de seus marcos. Aproveita suas possibilidades e recursos, seus mecanismos e instrumentos, obtendo dela as condições de rentabilidade e acumulação. Integra-se a ela a ponto de confundir-se, o que significa um negócio rentável e sem controle.

5. O fenômeno da lavagem

Após a análise da criminalidade econômica e organizada, que a nosso juízo tem relação direta com o delito de lavagem de dinheiro,[48] resta analisar em que consiste o fenômeno da lavagem de dinheiro de origem delitiva.

É certo que a lavagem de dinheiro procedente de atividades ilícitas não é um fenômeno novo. Historicamente, os criminosos sempre tentaram ocultar os frutos de suas atividades delitivas, supondo logicamente que o descobrimento de tais fundos por parte das autoridades conduziria, obviamente, aos delitos que os geraram.

O problema é que nos últimos anos o fenômeno da lavagem de dinheiro chegou a alcançar dimensões extraordinárias, o que também gerou, como conseqüência, a preocupação tanto dos governos como dos organismos internacionais. Esse crescimento foi a conseqüência lógica do incremento infindável de atividades criminosas geradoras dos fundos objetos de lavagem, em especial o tráfico de drogas.[49]

Ocorre que os grandes impérios da droga, quase inevitavelmente, fazem circular seus benefícios através dos mercados financeiros nacionais até um refúgio seguro no exterior, elegendo normalmente entre o amplo leque de albergues financeiros que o mercado atual oferece àqueles que têm menores níveis de resguardo nas suas po-

---

[48] BLANCO CORDERO, Isidoro, *El delito de blanqueo de capitales*, p. 37.

[49] ALVAREZ PASTOR, Daniel; EGUIDAZU PALACIOS, Fernando, *La Prevención del Blanqueo de Capitales*, Aranzadi Editorial, 1998, p. 21. Nesse sentido, ADRIASOLA, Gabriel, *El Nuevo Derecho Sobre Tóxicos y el Lavado de Dinero de la Droga*, Fundación de Cultura Universitaria, 1994, p. 51; MARINOT, Sabrina, "Tráfico de drogas y blanqueo de dinero ¿una política criminal europea?, en *Actualidad Penal*, n. 42, 17/23 de Noviembre,1997-2, Madrid, p. 941, revela que não faz falta precisar o vínculo direto que une o tráfico de drogas e a lavagem de capitais; CADENAS CORTINAS, Cristina, *Problemas, de la penalidad en los delitos de receptación y blanqueo de dinero*, Cuadernos de política Criminal, Edersa, Madrid, 1995, p. 393; CHERIF BASSIOUNI, M; S. GUALTIERI, David, *Mecanismos Internacionales de Control de las Ganancias procedentes de actividades ilícitas*, p. 56.

LAVAGEM DE DINHEIRO

líticas ativas de prevenção, monitoração e detenção destas manobras.[50]

De acordo com isso, a prioridade dos que lavam dinheiro é retirá-lo do país onde foi produzido e misturá-lo com o grande volume de dinheiro quente e sem nacionalidade que circula eletronicamente ao redor do mundo em busca de maior rendimento e segurança, antecipando-se às mudanças de apreciações de divisas ou fugindo da instabilidade política real, imaginária ou induzida.[51]

Assim, a lavagem de dinheiro move cifras elevadas, sendo difícil avaliar o volume de capitais procedente de atividades delitivas que são anualmente objetos de lavagem. No que se refere às atividades ilícitas, os ingressos gerados pelo tráfico de drogas ou outros delitos estão por definição ocultos ao escrutínio das autoridades, de forma que somente através de estimativas indiretas é possível que se precise alguma cifra discutível e fiável.[52]

Em conclusão, os benefícios obtidos com as atividades delitivas têm que ser reciclados, é dizer, despojados de sua origem criminosa mediante sua introdução nos circuitos financeiros lícitos até conseguir uma aparência de legalidade. Isso faz com que as organizações criminosas legalizem suas ingentes ganâncias e, para tanto, recorram à lavagem de dinheiro.[53]

---

[50] CERVINI, Raúl, en CERVINI, Raúl; TERRA DE OLIVEIRA, Willian; GOMES, Luiz Flávio, *Lei de Lavagem de Capitais*, RT, São Paulo, 1998, p. 41.

[51] Id. ibidem. No mesmo sentido, BLANCO CORDERO, Isidoro, *El delito de blanqueo de capitales*, p. 38.

[52] ALVAREZ PASTOR, Daniel; EGUIDAZU PALACIOS, Fernando, *La Prevención del Blanqueo de Capitales*, p. 26.

[53] BLANCO CORDERO, Isidoro, *Op. cit.*, p. 40; FABÍAN CAPARRÓS, Eduardo, *Consideraciones de urgencia sobre la Ley Orgánica 8/1992, de 23 de deciembre, de modificación del Código Penal y de la Ley de Enjuiciamiento Criminal en materia de tráfico de drogas*, en Estudios Penales, Universidad de Salamanca, 1982, p. 603.

6. Características do delito de lavagem de dinheiro

6.1. Internacionalização das atividades de lavagem

A doutrina assinala que uma das características do fenômeno da lavagem de dinheiro é a sua internacionalidade,[54] pois sobrepassa as fronteiras nacionais dos países e implica seu desenvolvimento em outros, com a mudança de soberania e jurisdição que leva consigo.[55] Esta delinqüência internacional que utiliza seus ramos de atividade em diversos países é um fenômeno próprio de nossa atualidade. Nas palavras de Fabían Caparrós, somente no curso dos últimos vinte anos pode-se falar com propriedade da existência de estruturas criminais que desconhecem as fronteiras e estendem seu âmbito de atuação numa série praticamente ilimitada de jurisdições. O problema é que só agora as autoridades e a Comunidade Internacional começaram a se preocupar com este fenômeno.[56]

A característica da internacionalização está relacionada com a própria natureza dos bens ou serviços que constituem o objeto do delito, cujo lugar de origem pode encontrar-se a uma distância enorme de seus destinatários finais. Isso habitualmente acontece com os grupos destinados ao tráfico de drogas que seguem os mesmos traços de empresas multinacionais em suas operações. Também se pode dizer que possuem estas características as redes dedicadas ao tráfico de armas, pedras ou metais preciosos, animais exóticos[57] etc.

---

[54] SUÁREZ GONZALES, Carlos, *Blanqueo de capitales y merecimiento de pena...*, p. 126.

[55] BLANCO CORDERO, Isidoro, *El delito de blanqueo de capitales*, p. 56.

[56] FABIAN CAPARROS, Eduardo, *El delito de blanqueo de capitales*, p. 39.

[57] Idem, p. 40.

Blanco Cordero[58] assinala as vantagens que o fenômeno da internalização proporciona aos lavadores de dinheiro: a) a possibilidade de elidir a aplicação de normas estritas, e com isso a jurisdição de países que mantêm políticas severas de controle da lavagem de dinheiro; b) a obtenção de vantagens através dos problemas de cooperação judicial internacional e de intercâmbio de informação entre países que têm leis diferentes, sistemas penais diferentes e, também, distintas culturas administrativas; c) permite aos lavadores que se beneficiem das deficiências da regulação internacional e sua aplicação, desviando os bens objetos da lavagem àqueles países com sistemas mais débeis de controle e persecução da lavagem de dinheiro.

Poderíamos enumerar uma série de razões que explicam e justificam aos lavadores utilizarem técnicas que impliquem um movimento de fundos a outros países. Em realidade, todas as razões poderiam ser sintetizadas numa só: a transferência de dinheiro de um a outro país dificulta sua persecução por parte das autoridades e acaba por facilitar sua ocultação. Isso ocorre porque sempre é preferível efetuar as operações mais delicadas e vulneráveis no processo de lavagem naqueles países em que a legislação é mais permissiva ou em que os meios repressivos que conta a Administração são mais escassos. Também se deve levar em conta o fator da coordenação internacional em matéria da luta contra a lavagem, pois ainda que os países adotem medidas crescentes de prevenção, estas deixam a desejar, permitindo aos lavadores que aproveitem as lacunas existentes. Por fim, sempre é mais fácil elidir a ação das autoridades que lutam contra a lavagem se os fundos se movem de um a outro país do que a lavagem quando é feita num só país onde as medidas judiciais e policiais são mais eficazes.[59]

6.2. Profissionalização do trabalho

A doutrina menciona que uma organização criminosa é uma entidade ordenada em função de estritos critérios de racionalidade. Seria como peças que se integram numa sólida estrutura em que cada um dos seus membros desempenha um determinado papel

---

[58] BLANCO CORDERO, Isidoro, *El delito de blanqueo de capitales*, p. 56.

[59] ALVAREZ PASTOR, Daniel; EGUIDAZU PALACIOS, Fernando, *La prevención del blanqueo de capitales*, p. 28.

para o qual se encontra especialmente capacitado em função de suas aptidões. Atuando assim, a corporação alcança características próprias de uma sociedade de profissionais do crime na qual se manifesta um sistema de relações específicas definidas a partir de deveres e privilégios recíprocos.[60]

Como já mencionamos, a lavagem de dinheiro tem como uma de suas características o fato de ser um delito internacional e assim exigir um tratamento profissionalizado. Daí que as técnicas e os procedimentos de lavagem devem ser necessariamente sofisticados no sentido de poderem elidir a ação dos países que os combatem, e devem cambiar e evoluir continuamente na medida em que os organismos encarregados de sua repressão vão identificando e neutralizando as vias já existentes. Por isso, fala-se que os lavadores devem dispor de uma organização altamente profissional.[61] Esta característica se manifesta em duas tendências: maior profissionalismo dos membros da organização e maior emprego de profissionais externos. A explicação deste profissionalismo se justifica no sentido de minimizar os riscos da persecução penal e maximizar as oportunidades.[62]

6.3. Vocação de permanência

Um setor doutrinal fala da vocação de permanência como característica do delito de lavagem de dinheiro. Na maioria dos casos isso não ocorre, já que o delito foi concebido como um fato isolado eleito por alguns como instrumento idôneo para lograr um determinado fim mais ou menos imediato. Nestes casos, a atividade criminal se desenvolve dentro de coordenadas temporais claramente definidas que se concluem tão logo o autor alcance o seu objetivo. O mesmo não se pode dizer a respeito do delito de lavagem de dinheiro. Na comissão da lavagem geralmente atuam organizações criminosas e, com diferença da concepção tradicional do delito, a infração criminal cometida pelas organizações criminais não se es-

---

[60] FABIAN CAPARROS, Eduardo, *El delito de blanqueo de capitales*, p. 37.

[61] ALVAREZ PASTOR, Daniel; EGUIDAZU PALACIOS, Fernando, *La prevención del blanqueo de capitales*, p. 29.

[62] BLANCO CORDERO, Isidoro, *El Delito de Blanqueo de Capitales*, p. 57; MINGARDI, Guaracy, *O Estado e o Crime Organizado*, p. 88.

gota em si mesma, pois é despojada desta autonomia para passar a ser um elemento a mais de um programa preestabelecido que se prolonga indefinidamente no tempo.[63] Esta vocação de permanência normalmente ocorre nas organizações criminosas, pois se estabelece entre seus membros uma hierarquia que subordina as intervenções de cada um, mas no marco da operação como um todo a garantia do sucesso está justamente na organização e confiança nos integrantes do grupo.

6.4. Complexidade ou variedade dos métodos empregados

Como os países acabam adotando novas medidas na luta contra a lavagem de dinheiro, as organizações criminosas se vêem obrigadas também a desenvolver novas técnicas para tratar de elidi-las. Por isso, uma das características principais dos lavadores é a sua facilidade de adaptação às novas situações e a rapidez no desenvolvimento de novos métodos, permitindo que se alcance em certas ocasiões um alto grau de sofisticação nas operações realizadas. O que facilita também estas complexas operações é o fenômeno da internacionalização, que permite mover bens de um país a outro e a desenhar complicados mecanismos de ocultação de sua origem, dificultando sua detecção pelas autoridades.[64]

O problema é que as organizações são mais rápidas que as autoridades, além disso, dispõem, na maioria das vezes, de maior organização e de aparelhos mais avançados. Assim, as técnicas empregadas pelos lavadores superam as empregadas pelas autoridades, tornando difíceis o controle e o descobrimento das operações realizadas.[65]

A respeito das técnicas utilizadas, a doutrina menciona também uma ampla utilização do sistema financeiro para lavar dinhei-

---

[63] FABIAN CAPARROS, Eduardo, *El Delito de Blanqueo de Capitales*, p. 38.

[64] BLANCO CORDERO, Isidoro, *El Delito de Blanqueo de Capitales*, p. 60.

[65] A respeito do tema assinala SOLANS SOTERAS, M., Blanqueo de dinero y movimientos financieros, en *Cuadernos Jurídicos*, n. 3, 1992, p. 52 e ss., que "enquanto o dinheiro negro viaja ao redor do mundo, às ordens de um sistema informatizado, as autoridades devem obter documentos que possam apresentar diante de um tribunal. O êxito requer normalmente a cooperação de um amplo conjunto de jurisdições. Para muitas delas a proteção dos segredos bancários e corporativos é questão de sobrevivência econômica. Ademais, por cada refúgio que colabora, há muito mais que não o fazem; e a falta de cooperação de qualquer deles pode perfeitamente bloquear os esforços dos investigadores para seguir o rastro do dinheiro".

ro, isso porque em realidade quase toda atividade econômica pode ser utilizada com fins de lavagem.[66]

6.5. Volume do fenômeno

Para um setor doutrinal, o volume de capitais de origem delitiva que é objeto da lavagem é uma das características deste delito. Assim, o que interessa é que a magnitude do fenômeno é tão grande que se converteu, por si só, numa característica essencial do mesmo, levando este setor a afirmar que já não tem conotações quantitativas, senão qualitativas.[67]

Nas palavras de Alvarez Pastor y Eguidazu Palacios, no momento em que as somas objeto da lavagem alcançam uma determinada dimensão, acabam mudando as técnicas de lavagem. Isso porque já não se trata de operações de caráter artesanal, senão de operações massivas ou em grande escala, que requerem uma organização profissional, uma estrutura, uma rede de colaboradores e cúmplices nos mais variados escalões, um conjunto internacional de empresas e entidades em diversos países, inclusive entidades financeiras próprias que operam sob a aparência de legalidade. Enfim, toda uma complexa organização, ampla, sofisticada e cara, que permita realizar esta atividade em grande escala. De outro lado, o enorme volume produzido pela atividade ilícita facilita a compra de cumplicidades ou passividades que numa importante medida esteriliza o esforço da luta contra o narcotráfico.[68]

Nos países subdesenvolvidos como o Brasil, o volume de dinheiro lavado termina influenciando os diversos escalões da luta contra as organizações criminosas, pois muitas delas investem grandes somas na corrupção policial, de autoridades fiscais, administrativas e judiciais.

---

[66] ALVAREZ PASTOR, Daniel; EGUIDAZU PALACIOS, Fernando, *La prevención del blanqueo de capitales*, p. 29, mencionam que "são vários os setores sensíveis ou vulneráveis que se pode citar, possuindo todos eles as caracterísitcas comuns da utilização habitual de bilhetes de banco ou outros instrumentos ao portador como meios de pagamento, o alto valor unitário dos objetos ou serviços oferecidos, e um certo grau de anonimato nas transações". Os exemplos seriam as casas e oficinas de câmbio de moeda, os cassinos, os estabelecimentos de venda de jóias, pedras e metais preciosos etc.

[67] ALVAREZ PASTOR, Daniel; EGUIDAZU PALACIOS, Fernando, *La prevención del blanqueo de capitales*, p. 28.

[68] Id. ibidem.

De acordo com Kaplan, as grandes somas arrecadadas e a sua concentração num pequeno número de dirigentes de consórcios, no contexto de países subdesenvolvidos e colhidos pela crise econômica, inflação, desvalorização da moeda, dívida externa, permitem aos traficantes comprar tudo – bens, serviços, consciências e vontades – a preços favoráveis; gozar de uma enorme margem de manobra para pressionar, influenciar, controlar e impor decisões.[69]

6.6. Conexão entre redes criminais

Há autores que sustentam ainda como característica do delito de lavagem de dinheiro a conexão existente entre as diversas redes criminais, já que as modernas estruturas criminais não atuam de forma isolada. De acordo com isso, as organizações criminais estruturam-se através de uma coordenação e subordinação, ou entre famílias e cartéis empenhados em âmbitos delitivos das mais diversas índoles, que se estendem por todo o mundo, favorecendo o estabelecimento das denominadas "redes corporativas de associações criminais", que, entre seus objetivos se encontra o de prestação de apoio logístico mútuo.[70] Um dos exemplos do vínculo entre as redes criminais está representado pela intensa relação entre o mercado de drogas e o tráfico ilegal de armas, o que significa uma simbiose entre ambas as organizações que compartilham pessoal, meios e lutas.[71]

No Brasil, esses vínculos de colaboração nem sempre se manifestam entre as organizações dedicadas a um mesmo gênero de atividades ilícitas. Este fato justifica-se porque entre elas existe de forma permanente o desejo de eliminar toda concorrência que lhe impede levar a cabo com a máxima facilidade as suas atividades lucrativas.[72] Normalmente isso ocorre com o tráfico de drogas, pois no Brasil o controle das organizações é feito por regiões determinadas. Assim, não se manifesta a cooperação quando uma organização começa a ocupar o espaço da outra.

---

[69] KAPLAN, Marcos, *Economía criminal y lavado de dinero*, p. 220.

[70] FABIAN CAPARROS, Eduardo, *El Delito de Blanqueo de Capitales*, p. 41; BLANCO LOZANO, Carlos, *El blanqueo de capitales procedentes del tráfico de drogas*, en Revista de Derecho Público, Madrid, 1996, p. 63.

[71] SOLAN SOTERAS, Miguel, Blanqueo de dinero y movimientos financieros, *Cuadernos Jurídicos*, n. 3, 1992, p. 53.

[72] FABIAN CAPARROS, Eduardo, *El delito de Blanqueo de Capitales*, p. 42.

De uma maneira geral, estas são as características que se destacam no desenvolvimento do fenômeno da lavagem de dinheiro. Estas características quase sempre encontram-se inter-relacionadas e potencializam-se reciprocamente na medida em que a internacionalização da lavagem de dinheiro e a maior especialização dos lavadores dão lugar à elaboração de mecanismos cada vez mais sofisticados.

7. Técnicas ou fases da lavagem

Há muita doutrina sobre os sistemas e métodos empregados para lavar dinheiro. Vários autores escreveram sobre esse métodos ou fases que normalmente são utilizados para esse fim. Não enumeraremos todos, mas apenas os que julgamos mais importantes.

7.1. Fase de ocultação ou colocação

A primeira fase corresponde à colocação de material proveniente do crime e pode ocorrer através de uma série de operações.[73] É nesta fase que os criminosos procuram livrar-se materialmente das importantes somas de dinheiro que geraram suas atividades ilícitas.[74] O efetivo arrecadado é normalmente transferido a uma zona ou localidade distinta daquela de onde se originou, colocando-se, em seguida, em estabelecimentos financeiros tradicionais ou não-tradicionais (casa de câmbio, cassinos, etc.), ou ainda em outros tipos de negócios de variadas condições (hotéis, restaurantes, bares, etc.).[75]

A característica principal dessa fase é a intenção dos criminosos de desfazerem-se materialmente das somas arrecadadas em di-

---

[73] ZANCHETTI, Mario, *Il Riciclaggio di Denaro Proveniente da Reato*, Giuffrè Editore, Milano, 1997, p. 10 y 11.

[74] VIDALES RODRIGUEZ, Caty, *Los delitos de receptación y legitimación de capitales en el Código penal de 1995*, Tirant lo Blanch, Valencia, 1997, p. 72; LOURENÇO MARTINS, A.G., Branqueamento de capitais: contra-medidas a nível internacional e nacional, en *Revista Portuguesa de Ciência Criminal*, ano 9, Fascículo 3, Julho-Setembro 1999, Coimbra Editora, p. 454 y 455.

[75] ALVAREZ PASTOR, Daniel; EGUIDAZU PALACIOS, Fernando, p. 35; MOREIRO GONZÁLEZ, Carlos J.; O DEL RÍO MORENO, María de la. *¿Hacia un nuevo enfoque en la lucha contra el blanqueo de capitales tras el tratado de la Unión Europea?*, Gaceta Jurídica de la C.E. y de la Competencia, GJ, serie D, Noviembre, 1996, p. 370.

nheiro, sem ocultar todavia a identidade dos titulares.[76] Isso ocorre porque os criminosos têm ciência de que a acumulação de grandes somas de dinheiro em moeda pode chamar a atenção em relação a sua procedência ilícita. Significa também o perigo constante de roubo ou furto, o que de uma forma ou outra obriga os criminosos a despachá-los para fora do lugar de obtenção com destino a outros lugares onde seja mais fácil encobrir ou ocultar sua origem delitiva.[77]

7.1.1. Colocação através de entidades financeiras

Assinala Aránguez Sánchez que as operações de engenharia financeira supõem um desafio para as autoridades detectarem a comissão de delitos econômicos, fundamentalmente pelo enorme volume do mercado financeiro e sua complexidade, que exige um profundo conhecimento da realidade econômica e a regulação jurídica do mundo das finanças. Outros fatores do sistema financeiro também favorecem a lavagem, como o segredo bancário ou a disparidade de regulamentações que regulam as entidades situadas em vários países, mas que se conectam por redes de informática que agilizam as operações financeiras até alcançarem um frenético ritmo quase impossível de ser controlado.[78]

Como não é fácil colocar grandes quantidades de dinheiro em papel moeda sem levantar suspeitas nem provocar investigações oficiais sobre a sua origem, os delinqüentes utilizam diversos procedimentos.

7.1.2. Fracionamento

O procedimento de fracionamento consiste em dividir as elevadas somas de dinheiro em outras de menor quantia[79] ou fracionar as transações em cédulas (depósitos, aquisição de instrumentos monetários, troca de bilhetes de menor valor por outros de maior

---

[76] ZARAGOZA AGUADADO, Javier, *El blanqueo de dinero. Aspectos sustantivos. Su investigación*, Cuadernos de Derecho Judicial, n. I, 1994, p. 134; ADRIASOLA, Gabriel, El *Nuevo Derecho Sobre Tóxicos y Lavado de dinero de la Droga*, p. 52.

[77] BLANCO CORDERO, Isidoro, *El Delito de Blanqueo de Capitales*, p. 71 y 72.

[78] ARÁNGUEZ SÁNCHEZ, Carlos, *El Delito de Blanqueo de Capitales*, Marcial Pons, Madrid, 2000, p. 46.

[79] ALVAREZ PASTOR, Daniel; EGUIDAZU PALACIOS, Fernando, p. 35.

valor, etc.) e assim evadir as obrigações de identificação ou comunicação.[80]

A respeito desse procedimento, ensina Fabian Caparros que uma maneira habitual de amenizar os receios de suspeita de grandes quantidades ingressadas através de uma conta bancária é fracionar artificiosamente o ingresso nesta conta em vários depósitos de menor quantia durante um período de tempo determinado, permitindo-se que se utilize de depósitos em dinheiro ou outros instrumentos.[81]

Um exemplo de técnica de fracionamento utilizada na Espanha é a realização de transferências mediante remessas numerosas de cheques bancários, emitidos por um mesmo escritório ou empresa, numa mesma data e em quantidades reduzidas de valores, mas que em seu conjunto representam operações de pagamento ou ingresso de elevadíssimas quantidades de dinheiro, com a finalidade de elidir os controles financeiros e administrativos.[82] Esta técnica é utilizada porque permite o ingresso numa conta bancária de dinheiro sujo em quantidades inferiores às fixadas pela Administração, ou seja, não se enquadram dentro dos valores em que a Administração deve ser informada dos depósitos.

7.1.3. Cumplicidade bancária

Uma das formas de ingressar grandes quantidades de dinheiro sujo é quando os criminosos podem contar com a cumplicidade dos empregados do banco ou quando o próprio banco ou a entidade financeira estão sob o controle da organização criminosa.[83] Quando se utiliza essa cumplicidade, é possível colocar no circuito financeiro o dinheiro ilícito e, uma vez inserido neste, a ocultação de sua origem será infinitamente mais fácil.[84] Essa técnica permite que

---

[80] BLANCO CORDERO, Isidoro, *El Delito de Blanqueo de Capitales*, p. 73; GOMEZ INIESTA, Diego J., Medidas internacionales contra el blanqueo de dinero y su reflejo en el derecho español, en *Estudios de Derecho Penal Económico, edición de Luis Arroyo Zapatero y Klaus Tiedemann*, Universidad de Castilla-La Mancha, 1994, p. 139.

[81] FABIAN CAPARROS, Eduardo, *El Delito de Blanqueo de Capitales*, p. 114.

[82] ZARAGOZA AGUADOA, Javier, *El blanqueo de dinero...*, p. 135; CERVINI, Raúl, en CERVINI, Raúl; TERRA DE OLIVEIRA, Willian, GOMES, Luiz Flávio, *Lei de Lavagem de Capitais*, RT, 1998, p. 89.

[83] ALVAREZ PASTOR, Daniel; EGUIDAZU PALACIOS, Fernando, *La prevención del blanqueo de capitales*, 35.

[84] BLANCO CORDERO, Isidoro, *El Delito de Blanqueo de Capitales*, p. 74; En ese sentido, FABIAN CAPARROS, Eduardo, *El Delito de Blanqueo de Capitales*, p. 130 y 131, assinala que "as entidades financeiras que desempenham tarefas de intermediação no mercado de divisas tam-

os lavadores evitem a primeira linha de defesa em que a lavagem pode ser detectada, que é o empregado do banco ou da instituição financeira.[85]

7.1.4. Emprego abusivo das exceções da obrigação de identificar ou de comunicar

A utilização abusiva das normas que permitem aos bancos e outras atividades financeiras eximirem-se da obrigação de identificação de determinadas atividades ou de determinadas categorias de empresas também permite a ocultação de dinheiro. Isso deve-se ao fato de que muitas legislações, com o fim de agilizar a informação, permitem aos bancos eximirem-se da obrigação de identificação daquelas operações resultantes de atividades legítimas desenvolvidas por clientes habituais ou conhecidos. Por isso, a doutrina menciona que a prática dessa relação ou utilização abusiva da mesma por parte do banco favorece a ação dos lavadores. Também nesse caso os criminosos habitualmente se valem de sociedades fantasmas (ou de fachada), ou da cumplicidade dos empregados do banco.[86] Assim, a criação de sociedades fantasmas ou a cumplicidade dos empregados do banco eximem a instituição ou seus clientes do regime de identificação ou de supervisão, o que pode oferecer aos lavadores uma via para evitarem que sejam detectadas pistas sobre as transações por eles efetivadas em dinheiro.[87]

7.1.5. Colocação mediante instituições financeiras não-tradicionais

Blanco Cordero leciona que algumas das práticas de lavagem de dinheiro podem ser reconduzidas a instituições financeiras não-tradicionais que compreendem aqueles negócios que proporcionam serviços similares aos dos bancos (câmbios de moeda, agentes de seguros, vendedores ou agentes de metais preciosos, cassinos, ser-

---

bém podem colaborar ativamente na lavagem de capitais". Isso porque "resulta praticamente impossível impedir que uma instituição legalmente habilitada, rompendo flagrantemente tanto a normativa vigente sobre o controle de cambios como os limites de sua autorização, retenha clandestinamente uma parte da moeda estrangeira que lhe chegue a seus mostradores a fim de vendê-la mais tarde a quem possa encontrar-se ante a necessidade de adquiri-la em melhores condições de anonimato".

[85] BARROS, Marco Antonio, *Lavagem de Dinheiro*, Editora Oliveira Mendes, São Paulo, 1998, p. 51.

[86] ALVAREZ PASTOR, Daniel; EGUIDAZU PALACIOS, Fernando, p. 36.

[87] BLANCO CORDERO, Isidoro, *El Delito de Blanqueo de Capitales*, p. 75.

viços postais etc.). A diferença é que essas instituições estão menos supervisionadas e reguladas que as instituições financeiras tradicionais.[88] Isso permite que todas essas instituições não-tradicionais possam ser utilizadas pelos lavadores essencialmente do mesmo modo que utilizam os bancos e as demais entidades financeiras. De acordo com isso, uma pessoa física ou jurídica pode transferir dinheiro ou títulos de valores a outro país sem os constantes documentos nem o controle das autoridades dos outros países. Para tanto, os mecanismos utilizados são os seguintes:

7.1.6. Mistura de fundos lícitos e ilícitos

Existem muitas atividades ou negócios nos quais o manejo de grandes somas de dinheiro resulta normal (bares, supermercados, restaurantes, pizzarias, hotéis, sociedades de exploração de máquinas automáticas recreativas ou de azar). Esses proporcionam aos lavadores uma fácil introdução no circuito legal dos fundos em dinheiro, misturados muitas vezes com outras quantidades procedentes de atividades delitivas para que se possa esconder estas últimas. Em muitos casos o negócio lícito não é real, é dizer, não exerce a atividade para qual foi constituído, sendo somente uma mera fachada que tem o objetivo de servir de cobertura para os fundos procedentes da atividade ilícita.[89] Essa técnica tem a vantagem de dar uma explicação quase imediata para o grande volume de dinheiro, isto é, como se tivesse sido gerado pelo negócio lícito.[90]

7.1.7. Contrabando de dinheiro

Segundo a doutrina, o tráfico ilegal de notas de dinheiro de banco através das fronteiras é outro dos métodos utilizados pelas organizações criminosas. São métodos conhecidos e inclusive noticiados pela imprensa (linhas de transporte regular de mercadorias, companhias aéreas de correios internacionais, aviões privados, transportes de carga etc.). Portanto, trata-se de um método muito comum, sem sofisticação, barato e com poucos riscos. Como conse-

---

[88] BLANCO CORDERO, Isidoro, *El Delito de blanqueo de Capitales*, p. 75; SOLANS SOTERAS, Miguel, *Blanqueo de dinero y movimientos financieros*, p. 56; CERVINI, Raúl, en CERVINI, Raúl; TERRA DE OLIVEIRA, Willian, GOMES, Luiz Flávio, *Lei de Lavagem de Capitais*, p. 92.

[89] ALVAREZ PASTOR, Daniel; EGUIDAZU PALACIOS, Fernando, p. 36; BLANCO CORDERO, Isidoro, *El Delito de Blanqueo de Capitales*, p. 75.

[90] BARROS, Marco Antonio, *Lavagem de Dinheiro*, p. 51.

qüência do volume de cargas e pessoas que passam nas fronteiras, é praticamente impossível examinar todas as cargas que cruzam os países, limitando-se o controle somente a uma pequena parte.[91] No Brasil, esse método é fácil de ser utilizado devido à facilidade de passar pelas fronteiras de países como Uruguai, Argentina e Paraguai.[92] Como o número de cargas que cruza a fronteira aumentou muito nos últimos anos por causa do Mercosul, tonou-se praticamente impossível o controle de tudo que passa pelas fronteiras. Outro fator que favorece o transporte de dinheiro é a grande extensão territorial do país, pois há extensões sem qualquer controle das autoridades, como fazendas com pistas de pouso clandestinas. Por fim, a vantagem deste método é que ele não deixa rastros, sendo bastante efetivo quando se tem êxito, mas o problema é a segurança do transporte, pois habitualmente ocorrem roubos ou denúncias de outros grupos criminosos.

7.1.8. Aquisição de bens com dinheiro

Uma forma importante de lavagem é a aquisição de bens materiais com dinheiro (barcos, aviões, carros, imóveis etc.). Blanco Cordero assinala que segundo o GAFI o objetivo das aquisições pode ser tríplice: a) manter um estilo de vida luxuoso; b) transformar os grandes ganhos em outros bens, quiçá menos valiosos e menos chamativos; c) obter bens que serão empregados para fomentar a empresa criminal.[93] Ademais, os negócios imobiliários têm para os investidores o atrativo da segura apreciação de seu patrimônio e sua relativa liquidez, unidas aos freqüentes incentivos e subvenções que os Estados fazem para estimular este mercado. Isso favorece ao lavador pelo sistema de "compras por preços diferenciados", consistente em adquirir um bem imóvel estipulando no documento público que

---

[91] BLANCO CORDERO, Isidoro, *El Delito de Blanqueo de Capitales*, p. 76; ALVAREZ PASTOR, Daniel; EGUIDAZU PALACIOS, Fernando, p. 37; BARROS, Marco Antonio, *Lavagem de Dinheiro*, p. 52; FABIAN CAPARROS, Eduardo, *El Delito de Blanqueo de Capitales*, p. 127.

[92] Os jornais noticiam que o Uruguai é um dos países que mais exporta ouro na América Latina, mas não o produz. O que significa que grande parte do ouro exportado entra ilegalmente no país. A mesma coisa ocorre com os bancos, pois há um grande número de contas de brasileiros que depositam dólares no Uruguai que, posteriormente, podem ser repatriados para outros países ou, permanecerem aplicados ali mesmo, operação esta não permitida no Brasil.

[93] BLANCO CORDERO, Isidoro, *El Delito de Blanqueo de Capitales*, p. 76; BARROS, Marco Antonio, Lavagem de Dinheiro, p. 52.

contempla a operação um preço inferior ao realmente acordado, supondo o abono da diferença com dinheiro não controlado.[94]

7.1.8.1. Outros mecanismos de colocação. De acordo com os estudos realizados, existem outros mecanismos de lavagem de dinheiro utilizados à margem das instituições que são os seguintes:

7.1.8.2. Câmbios de moeda através dos departamentos de transações de dinheiro dos maiores bancos, ou recorrendo a outro tipo de estabelecimento como as casas de câmbio que predominam perto das fronteiras internacionais ou em lugares turísticos. Os câmbios aí efetuados podem proporcionar proteção às transações ilícitas em que estejam compreendidos movimentos de dinheiro para fora do país. Assim, o dinheiro pode ser trocado num país estrangeiro, por exemplo, a preço mais favorável, e o câmbio de divisas posteriormente devolvido a seu país de origem.[95]

Um exemplo são as casas de câmbio que existem na fronteira entre Brasil, Paraguai e Uruguai, cuja principal função é a troca de reais por dólares e vice-versa, ainda que se possam proporcionar outros serviços financeiros. Um dos métodos empregados pelas casas de câmbio é depositar o dinheiro na conta bancária da casa de câmbio e, uma vez efetuado o depósito no sistema bancário, transferi-lo a qualquer lugar do mundo. A realidade demonstrou que as pequenas casas de câmbio possuem qualidades excepcionais para a administração irregular de divisas. Situadas em zonas turísticas ou perto da fronteira, só estão autorizadas a comprar notas estrangeiras e pagá-las em moeda nacional. Mas nas condições em que operam, estas casas se converteram nos últimos anos numa das peças fundamentais sobre as quais se apóiam algumas das redes mais importantes dedicadas à lavagem de dinheiro em grande escala.[96]

---

[94] ARÁNGUEZ SÁNCHEZ, Carlos, *El Delito de Blanqueo de Capitales*, p. 49; ADRIASOLA, Gabriel, *El Nuevo Derecho Sobre Tóxicos y el Lavado de Dinero de la Droga*, p. 55; PALMA HERERRA, José Manuel, *Los Delitos de Blanqueo de Capitales*, p. 205. Assinala que os investimentos imobiliários constituem um dos mecanismos mais habituais para lavar capitais, convertendo-se, ademais, freqüentemente na culminação de um processo de lavagem ao supor a meta ou ponto final de colocação ou investimento do dinheiro já lavado.

[95] BLANCO CORDERO, Isidoro, *El Delito de Blanqueo de Capitales*, p. 77, citando al GAFI.

[96] FABIAN CAPARROS, Eduardo, *El Delito de Blanqueo de Capitales*, p. 131.

7.1.8.3. Agentes de seguros. É um método que normalmente exige a cumplicidade dos empregados para fracionar numerosos depósitos em que fica oculta a fonte original dos fundos.[97]

7.1.8.4. Agentes da bolsa. Os agentes da bolsa podem ajudar os lavadores de dinheiro e proporcionar-lhes oportunidades para que coloquem os produtos ilícitos no sistema financeiro legal, pois a bolsa é um veículo muito atrativo para a lavagem de dinheiro. Isso porque o dinheiro, assim como outros bens ilícitos, títulos, por exemplo, podem ser convertidos em instrumentos financeiros alternativos, como ações e bônus. A outra alternativa é o depósito do dinheiro numa conta de mercado para que seja empregado por agências de valores para comprar ações ou outros instrumentos financeiros, ainda que esta operação não seja usual entre os lavadores.[98]

7.2. Fase de mascarar ou de escurecimento

A função desta fase é a de ocultar a origem dos produtos ilícitos mediante a realização de numerosas transações financeiras.[99] Se o lavadores têm êxito na fase de colocação, tratarão agora de tornar mais difícil e complicada a descoberta dos bens mediante a realização de múltiplas transações que, como camadas, irão se amontoando uma depois da outra, dificultando o descobrimento de suas origens.[100] Portanto, nessa fase é preciso fazer desaparecer o vínculo existente entre o delinqüente e o bem procedente de sua atuação, razão pela qual é usual o recurso da superposição e combinação de complicadas operações financeiras que tratam de dificultar o seguimento do que é conhecido como "pegada ou rastro do dinheiro".[101] Assim, o propósito perseguido nessa fase é "desligar os fundos de sua origem, gerando para isso um complexo sistema de amontoamento de transações financeiras destinado a apagar a pegada contá-

---

[97] BLANCO CORDERO, Isidoro, *El Delito de Blanqueo de Capitales*, p. 78.

[98] Id. Ibidem.

[99] ZARAGOZA AGUADO, *El blanqueo de dinero. Aspectos sustantivos. Su investigación*, p. 135; LOURENÇO MARTINS, A.G., *Branqueamento de capitais: contra-medidas a nível internacional e nacional*, p. 455.

[100] BLANCO CORDERO, Isidoro, *El Delito de Blanqueo de Capitales*, p. 78.

[101] VIDALES RODRIGUEZ, Caty, *Los delitos de receptación y legitimación de capitales en el Código Penal de 1995*, p. 73.

bil de tais fundos ilícitos". A forma complexa em que as transações são desencadeadas, misturadas e sobrepostas tem a finalidade de tornar extremamente difícil sua descoberta pelas autoridades.[102]

7.2.1. A conversão do dinheiro em instrumentos financeiros

Havendo êxito na colocação dos produtos ilícitos num banco ou numa instituição financeira não-bancária, podem ser convertidos em outros instrumentos financeiros, tais como: cheque de viagem, ordens de pagamento, cheques de caixa, bônus e ações. Estas operações facilitam o transporte para fora do país sem que sejam descobertos, ou realizam-se depósitos em outras contas bancárias sem que se submetam às exigências de identificação aplicáveis a determinadas quantidades de dinheiro.[103]

7.2.2. Aquisição de bens materiais com dinheiro e sua posterior troca ou venda

Nos casos em que o lavador tenha adquirido bens materiais com dinheiro (jóias, obras de arte, veículos, ouro etc.), tais bens, por sua vez, podem ser revendidos, no mesmo país ou no estrangeiro. Essas operações dificultam a identificação do titular e o rastreamento dos bens com o propósito de sua localização e apreensão.[104] Dessa forma os lavadores ocultam com freqüência os ganhos ilicitamente obtidos, transformado-os em outros bens patrimoniais dotados de uma certa significação econômica. Por sua vez, esses serão vendidos ou permutados por outros, ocorrendo, assim, um círculo ilimitado de transações dirigido a afastar progressivamente a riqueza de sua origem.[105]

---

[102] ALVAREZ PASTOR, Daniel; EGUIDAZU PALACIOS, Fernando, *La prevención del blanqueo de capitales*, p. 37.

[103] BLANCO CORDERO, Isidoro, *El Delito de Blanqueo de Capitales*, p. 80; ALVAREZ PASTOR, Daniel; EGUIDAZU PALACIOS, Fernando, *La prevención del blanqueo de capitales*, p. 37.

[104] ALVAREZ PASTOR, Daniel; EGUIDAZU PALACIOS, Fernando, *La prevención del blanqueo de capitales*, p. 37; BLANCO CORDERO, Isidoro, *El Delito de Blanqueo de Capitales*, p. 80; ARÁNGUEZ SÁNCHEZ, Carlos, *El Delito de Blanqueo de Capitales*, p. 59, neste sentido, assinala que "posto que o dinheiro em espécie é demasiado pesado e volumoso, um bom sistema para ocultar esses fundos de origem delitiva e iniciar as operações de lavagem pode ser sua substituição por jóias, que por seu tamanho se prestam com mais facilidade a serem depositadas em caixa de segurança de entidades bancárias, ou inclusive a sua evasão física do país".

[105] FABIAN CAPARROS, Eduardo, *El Delito de Blanqueo de Capitales*, p. 140.

Além de dificultar a localização dos bens, Fabian Caparros assinala que esta técnica oferece outras possibilidades no momento em que o preço declarado na transação seja inferior ao valor real do objeto adquirido. De acordo com isso, enquanto a quantia manifestada diante de terceiros é normalmente satisfeita com dinheiro obtido licitamente ou depois de haver sido submetida a um processo de lavagem, a diferença existente para alcançar o importe efetivo do negócio se completa com a entrega de uma quantidade pendente de regularização. Uma vez realizada a operação, o adquirente logra desfazer-se de uma massa patrimonial não confessada, obtendo em troca um bem cujo autêntico valor poderá defender em negociações posteriores.[106]

7.2.3. Transferência eletrônica de fundos

A doutrina menciona que, segundo o GAFI, esse é provavelmente o método mais importante do mascaramento utilizado pelos lavadores de dinheiro. Essa técnica é conseqüência da crescente introdução de novas tecnologias no mercado e da resultante integração financeira global, tornando as fronteiras internacionais um obstáculo cada vez menor tanto para as atividades lícitas como para as ilícitas. Isso debilita a eficácia das normas reguladoras dos mercados financeiros em cada zona geográfica, proporcionando oportunidades para a lavagem de dinheiro.[107] As vantagens dessa técnica são evidentes: rapidez nas transações, redução dos rastros contábeis, distância a que se pode remeter rapidamente os fundos e, por fim, o anonimato em que se desenvolvem essas operações.[108] De outro lado, o volume das transações eletrônicas, tanto em números diários como a respeito de cada uma delas, torna seu controle muito difícil.

Bassiouni e Gualteri, a respeito do controle das transações eletrônicas, assinalam:

Entre as razões pelas quais falta o controle internacional das transferências eletrônicas, está a que os governos têm interesse em preservar o sigilo de uma variedade de transações financeiras. Por exemplo, os governos insistem no sigilo quando os bancos centrais intervêem no controle da flutuação de suas moedas nacionais. Se

---

[106] FABIAN CAPARROS, Eduardo, *El Delito de Blanqueo de Capitales*, p. 141.

[107] BLANCO CORDERO, Isidoro, *El Delito de Blanqueo de Capitales*, p. 81.

[108] ALVAREZ PASTOR, Daniel; EGUIDAZU PALACIOS, Fernando, *La prevención del blanqueo de capitales*, p. 37.

essas transações fossem conhecidas, frustrar-se-iam os objetivos da intervenção e seriam uma fonte primária de informação para os especuladores de divisas que, por isso, poderiam fazer estragos na estabilidade das moedas nacionais e nos mercados financeiros. Outras transações governamentais dependem do sigilo, como as transações de armas, grandes transações de petróleo que podem ser marginalmente legais (por exemplo, violação de embargo). Um sistema de regulamentação das transferências eletrônicas internacionais deveria fazer, ou ao menos tenderia a isso, com que essas transações fossem conhecidas, o que prejudicaria os governos inseridos nas mesmas. Como resultado, mantém-se o sigilo, permitindo que as organizações criminosas se beneficiem do mesmo sigilo que os governos desfrutam no que diz respeito às transações monetárias. Deve-se criar um método no qual o sigilo do Governo possa ser protegido enquanto, ao mesmo tempo, exerça-se o controle sobre outras transações que compreendem fundos procedentes de delitos. Um método assim concebido será um importante passo na solidificação da vontade política dos Governos na aplicação dos controles financeiros.[109]

7.3. Fase de integração ou reinversão

Nessa etapa, o capital ilicitamente obtido conta já com a aparência de legalidade que se pretendia que tivesse. Logo, o dinheiro pode ser utilizado no sistema econômico e financeiro como se se tratasse de dinheiro licitamente obtido.[110] Consumada a etapa de mascaramento, os lavadores necessitam proporcionar uma explicação aparentemente legítima para sua riqueza, logo, os sistemas de integração introduzem os produtos lavados na economia de maneira que apareçam como investimentos normais, créditos ou investimentos de poupança.[111] Portanto, os procedimentos de integração situam os fundos obtidos com a lavagem na economia de tal forma que,

---

[109] BASSIOUNI y GUALTIERI, *Internacional Mechanism*, p. 64, en BLANCO CORDERO, Isidoro, *El Delito de Blanqueo de Capitales*, p. 82.

[110] VIDALES RODRIGUEZ, Caty, *Los delitos de receptación y legitimación de capitales en el Código Penal de 1995*, p. 73 y 74; GOMEZ INIESTA, Diego J., *Medidas Internacionales Contra el Blanqueo de Dinero y su Reflejo en el Derecho Español*, p. 140; FABIAN CAPARROS, Eduardo, *El Delito de Blanqueo de Capitales*, p. 149; LOURENÇO MARTINS, A.G., *Branqueamento de capitais: contramedidas a nível internacional e nacional*, p. 455; CERVINI, Raúl, en CERVINI, Raúl; TERRA DE OLIVEIRA, Willian; GOMES, Luiz Flávio, *Lei de Lavagem de Capitais*, p. 101.

[111] BLANCO CORDERO, Isidoro, *El Delito de Blanqueo de Capitales*, p. 84.

integrando-se no sistema bancário, aparecem como produto normal de uma atividade comercial. Quando se chega nesse estágio é muito difícil a descoberta da origem ilícita dos fundos. A menos que se haja podido seguir seu rastro através das etapas anteriores, será muito difícil distinguir os capitais de origem ilegal dos de origem legal.[112]

Os métodos utilizados nessa etapa de integração são os seguintes:

7.3.1. Venda de bens imóveis

Alvarez Pastor e Eguidazu Palacios mencionam que de acordo com o Gafi "as variações de preços são freqüentes neste setor e podem ser utilizadas para reinjetar os capitais lavados na economia. Assim, um bem imóvel pode ser adquirido por uma sociedade de fachada com capitais de origem ilícita. Este bem é posteriormente vendido, e os fundos produtos desta venda são considerados como fundos legais obtidos pela venda de um imóvel".[113] Neste método, pode-se adquirir a propriedade dos imóveis com fundos de origem delitiva através de uma sociedade fantasma (empresas de "fachada"). Em continuidade, a propriedade é vendida, e o produto da venda é considerado legal, pois foi obtido mediante a venda de um imóvel. É possível declarar um preço reduzido e fazer um pagamento parcial em dinheiro ao vendedor. Freqüentemente estabelecem-se preços inflados em alguns mercados, possibilitando ao último vendedor uma fonte legítima de um benefício vultoso, ainda que fictício.[114]

Esse mecanismo é chamado por Zaragoza Aguado de "reinversão das propriedades compradas" e consiste no transpasso rápido de propriedades imobiliárias a preços rapidamente acrescentados, método normalmente utilizado nas esferas hipotecárias. O método é similar ao mencionado, exceto pelo fato de que começa com valores subestimados de dois tipos de preços, mas se assemelha ao da dupla faturação com o emprego de dois tipos de preços, um real e outro artificial, para um determinado bem. Cita o seguinte exemplo:

---

[112] Nesse sentido, ALVAREZ PASTOR, Daniel; EGUIDAZU PALACIOS, Fernando, *La prevención del blanqueo de capitales*, p. 38; BLANCO CORDERO, Isidoro, *El Delito de Blanqueo de Capitales*, p. 84 y 85.

[113] ALVAREZ PASTOR, Daniel; EGUIDAZU PALACIOS, Fernando, *La prevención del blanqueo de capitales*, p. 38.

[114] BLANCO CORDERO, Isidoro, *El Delito de Blanqueo de Capitales*, p. 85; CERVINI, Raúl, en CERVINI, Raúl; TERRA DE OLIVEIRA, Willian; GOMES, Luiz Flávio, *Lei de Lavagem de Capitais*, p. 102 y 103.

um indivíduo adquire uma propriedade com um valor real de dois milhões de dólares, mas declara somente como preço pago o valor de um milhão de dólares e paga por fora a diferença ao vendedor. Depois de possuir a propriedade por algum tempo, vende-a pelo valor de três milhões de dólares. De acordo com o negócio realizado, o vendedor não tem inconvenientes em pagar os impostos correspondentes pelos benefícios alcançados, já que os benefícios que obtém são mais vantajosos.[115]

Nos últimos anos, os investimentos na compra e venda de imóveis foram um veículo popular para a lavagem de dinheiro de origem ilícita como também para a reciclagem ou afloramento de fundos subtraídos da Fazenda Pública. Isso ocorre porque são bens de fácil liquidez, e seu valor real é muito difícil de ser estimado, dificultando o trabalho das autoridades fiscais em determinar se o preço declarado da compra e venda coincide ou não com o efetivamente pago pelo comprador. A dificuldade de determinar o preço real dos imóveis torna possível a declaração de um preço inferior ao efetivamente satisfeito ou, inversamente a declaração de um preço superior, passando-se, assim, de comprador a comprador uma mais-valia fictícia.[116]

7.3.2. Interposição de testas-de-ferro, empresas fantasmas e empréstimos simulados

Um dos métodos empregados é a intermediação de "laranjas" para ocultar a titularidade real e a origem dos capitais utilizados. Nesses casos, normalmente utilizam-se identidades falsas ou pertencentes a colaboradores da organização de lavagem, indigentes, imigrantes, pessoas humildes etc. Também recorre-se a familiares, mas nesses casos os lavadores tomam precauções como a ausência de um vínculo matrimonial ou uma suposta separação legal, ou ainda, a alteração da ordem dos sobrenomes dos filhos no Registro Civil, tudo para que se evite a ligação e o confisco de bens no caso de serem descobertos.[117]

---

[115] ZARAGOZA AGUADO, Javier Alberto, *El blanqueo de dinero. Aspectos sustantivos. Su investigación*, p. 139 y 140.

[116] ALVAREZ PASTOR, Daniel; EGUIDAZU PALACIOS, Fernando, *La prevención del blanqueo de capitales*, p. 38; Nesse sentido, BLANCO CORDERO, Isidoro, *El Delito de Blanqueo de Capitales*, p. 85 y 86.

[117] ARÁNGUEZ SÁNCHEZ, Carlos, *El Delito de Blanqueo de Capitales*, p. 47.

As entidades constituídas pelo lavador são denominadas "empresas fantasmas" ou de "fachada". Porque sua função real reside em oferecer cobertura às operações ilícitas. O mecanismo utilizado é denominado de "caixas vazias", que consiste na constituição ou aquisição de sociedades para incluir nelas outras empresas, estratificando, assim, a organização e dificultando a investigação.[118] Por intermédio de uma empresa fantasma (normalmente domiciliada num paraíso fiscal), uma pessoa ou organização criminosa pode emprestar a si mesmo seus próprios fundos de origem ilícita numa transação aparentemente legítima. Os fundos que assim são recebidos aparecem legalmente como procedentes de um empréstimo do exterior.[119] Esta técnica é denominada de "empréstimo de regresso" e ocorre quando o lavador estabelece uma sociedade num paraíso fiscal selecionado, normalmente ocultando a verdadeira propriedade, e abre uma conta num banco local. Assim, poderá financiar a compra de um negócio similar em seu país através de um empréstimo de sua própria companhia ou de banco estrangeiro. Na realidade, o dinheiro emprestado é seu mesmo. Iniciada esta operação, o lavador continua o processo fazendo os pagamentos regulares do empréstimo como se fosse legítimo. Por isso, o "empréstimo de regresso" não só permite repatriar o dinheiro anteriormente negro, como também permite que se paguem os juros a si mesmo, ao mesmo tempo que se justificam esses pagamentos como gastos do negócio.[120] Zaragoza Aguado assinala outra variante desta técnica e a denomina de "investimento direto" que consiste no investimento do lavador do dinheiro que possui no estrangeiro numa empresa legítima, aparecendo sua empresa como compradora. Assim, a propriedade real do investidor estrangeiro se escurece pelas leis de segredo ou pelo uso de propriedades nominais.[121]

---

[118] ARÁNGUEZ SÁNCHEZ, Carlos, *El Delito de Blanqueo de Capitales*, p. 47.

[119] BLANCO CORDERO, Isidoro, *El Delito de Blanqueo de Capitales*, p. 86; ALVAREZ PASTOR, Daniel; EGUIDAZU PALACIOS, Fernando, *La prevención del blanqueo de capitales*, p. 38.

[120] ZARAGOZA AGUADO, Javier Alberto, *El blanqueo de dinero. Aspectos sustantivos. Su investigación*, p. 138 y 139.

[121] ZARAGOZA AGUADO, Javier Alberto, *El blanqueo de dinero. Aspectos sustantivos. Su investigación*, p. 139. CERVINI, Raúl, em CERVINI, Raúl, TERRA DE OLIVEIRA, Willian, GOMES, Luiz Flávio, *Lei de Lavagem de Capitais*, p. 102, a respeito do método da investimento direto, assinala que o lavador, em lugar de utilizar um método empréstimo/retorno, faz o investimento utilizando como fachada sua sociedade localizada no estrangeiro. Há casos em que os sócios do exterior aceitam o lavador como forma mais ou menos consciente, e este faz então seu investimento utilizando fundos lavados por meio de sua companhia no estrangeiro. Para o autor, estas "capitalizações" ou "injeções de capital fresco" são típicas da América do Sul.

7.3.3. Cumplicidade de bancos estrangeiros

A operação de lavagem de dinheiro efetuada com a cumplicidade de bancos estrangeiros resulta especialmente difícil de ser descoberta pelas autoridades. Essa cumplicidade permite efetuar as operações de mascarar e lavar o dinheiro sem dificuldades, é dizer, com as máximas garantias de opacidade para os recicladores. De outro lado, essa cumplicidade supõe um problema muito difícil tanto em nível de técnica de persecução penal como em nível político, já que permite encobrir vários detalhes das operações criminosas relativas aos fundos. O outro problema é que se há a participação de empregados bancários bem situados nos sistemas de empréstimos simulados ou de regresso, o lavador pode obter créditos aparentemente legítimos, assegurando-os com produtos ilícitos.[122]

7.3.4. Falsas faturas de importação/exportação

Considerado um método habitual, consiste na falsificação lisa e plana de faturas comerciais para lavar o pagamento, como a sobrefaturação ou infrafaturação (segundo aonde se queira dirigir os capitais lavados) de bens realmente importados/exportados.[123] Assim, existe a sobrevaloração dos documentos de entrada até justificar fundos mais tarde justificados em bancos nacionais e/ou a sobrevaloração das exportações para justificar fundos recebidos do estrangeiro. Essa técnica é normalmente utilizada quando a organização criminosa controla entidades sociais em diferentes países ou jurisdições e consiste no pedido da companhia doméstica de mercadorias a empresa radicada no estrangeiro a preços inflados. A diferença entre o preço inflado e o valor real se deposita numa conta no estrangeiro, normalmente numa jurisdição totalmente diferente. A empresa doméstica suporta um preço elevado pelas mercadorias adquiridas, mas normalmente obtém benefícios reduzidos, o qual é desejável nos países ocidentais com uma elevada pressão fiscal.[124]

Palma Herrera, em similar sentido, aponta a lavagem de dinheiro através de atividades de importação e exportação, assinalan-

---

[122] BLANCO CORDERO, Isidoro, *El Delito de Blanqueo de Capitales*, p. 87.

[123] ALVAREZ PASTOR, Daniel; EGUIDAZU PALACIOS, Fernando, *La prevención del blanqueo de capitales*, p. 39.

[124] ZARAGOZA AGUADO, Javier Alberto, *El blanqueo de dinero. Aspectos sustantivos. Su investigación.*, p. 139.

do que as operações de lavagem levadas a cabo no marco destas atividades de mercadorias têm uma série de traços comuns como são a anuência do pessoal das aduanas que podem facilitar o trabalho. Outros traços comuns são a abertura de contas bancárias em entidades estrangeiras ou espanholas situadas no estrangeiro e, a idéia central da sobrevaloração das mercadorias, que pode fazer referência tanto aos preços como ao volume da mercadoria e, em alguns casos nem existir, mais que sobrevaloração teria que se falar de simulação de uma operação de importação/exportação.[125]

As formas enumeradas habitualmente são as mais utilizadas pelos lavadores, mas isso não impede a utilização de outros métodos para completar o processo de lavagem de dinheiro.

A doutrina aponta, além dos mecanismos tradicionais, tais como as instituições financeiras e os bancos, que se deve centrar também a atenção numa nova orientação das atividades de lavagem para fora dos setores financeiros regulados, assim compreendidos os negócios que geram grandes quantidades de dinheiro e algumas atividades profissionais.[126] Há uma série de exemplos que enumeramos a seguir.

7.3.4.1. Cassinos ou estabelecimentos de jogos. Cassinos, hipódromos, loterias e concursos com prêmios em dinheiro podem ser empregados para lavar dinheiro e como é um método muito simples e com alto grau de segurança de não ser descoberto, torna-se um sistema muito utilizado.[127] O jogo ou as apostas em cassinos geram grandes quantidades de dinheiro, o que possibilita ganhos sem rastros. Nos países em que as apostas se converteram num fenômeno de massas, a aquisição clandestina de boletos premiados constitui

---

[125] PALMA HERRERA, José Manuel, *Los Delitos de Blanqueo de Capitales*, p. 214. O autor fala da detectação de operações nas quais a oganização criminosa criava uma sociedade de importação em cujo nome abria contas-correntes em bancos espanhóis nas quais ingressava o dinheiro obtido com o tráfico de drogas que previamente havia trocado por divisas no mercado negro, contando com a cumplicidade do banco para que as contas não ficassem registradas. Dando continuidade, a sociedade realizava ou simulava um contrato de importação de uma determinda mercadoria nacional do país de onde queria colocar o dinheiro e assim superfaturava a importância da operação de importação. A importância era abonada por mecanismos ordinários de pagamento, com um crédito documentário, um cheque ou uma ordem de transferância contra as contas-correntes abertas nos bancos espanhóis, e a favor de uma conta-corrente aberta no país de onde se queria enviar o dinheiro. Este dinheiro, uma vez posto em outro país, era investido em imóveis.

[126] BLANCO CORDERO, Isidoro, *El Delito de Blanqueo de Capitales*, p. 88.

[127] ARÁNGUEZ SÁNCHEZ, Carlos, *El Delito de Blanqueo de Capitales*, p. 58; ADRIASOLA, Gabriel, *El Nuevo Derecho Sobre Tóxicos y el Lavado de Dinero de la Droga*, p. 55.

uma das formas mais simples e eficazes de justificar a posse de uma quantidade excessiva de dinheiro em cédulas.[128]

7.3.4.2. Profissionais. Os advogados, notários e contadores normalmente manejam grandes quantidades de dinheiro de seus clientes em razão das atividades legítimas que exercem. Assim que os advogados podem receber somas elevadas de dinheiro de origem delitiva e depositar estes fundos em contas bancárias especialmente constituídas com o propósito de manter fundos de seus clientes, e desde as quais a remuneração dos advogados podem ser retiradas. As contas são mantidas em nome do advogado e normalmente não identificam os nomes de nenhum dos clientes. Para a operação de lavagem de dinheiro, o advogado devolve o dinheiro através de um cheque ou séries de cheques ou outros instrumentos monetários, mediante a aquisição de bens imóveis, outras propriedades ou por outros meios. Devido ao privilégio da confidência profissional entre cliente e advogado é muito difícil determinar a legitimidade tanto dos fundos como dos serviços profissionais.[129]

7.3.4.3. Comércio cruzado. É um dos métodos mais sofisticados de lavagem de dinheiro e foi empregado durante anos em atividades comerciais ilegais. Nesse método, o lavador cria no estrangeiro uma sociedade cuja propriedade permaneça em segredo para que atue como a outra parte na atividade comercial com o propósito de repatriar dinheiro em poder da companhia no estrangeiro sob a cobertura de benefícios comerciais legítimos, ganhos no mercado livre.[130] Zaragoza Aguado assinala o exemplo de um cidadão espanhol com uma companhia *holding* que possui secretamente em Hong-Kong com a intenção de lavar dinheiro mediante um contrato de mercadorias de futuro. O sujeito compra um contrato por 50 milhões de dólares proposto pela companhia *holding*. Se a mercadoria sobe 10% sobre os termos do contrato, o lavador terá obtido um benefício de 5 milhões de dólares, descontada a comissão do intermediário. A companhia

---

[128] FABIAN CAPARROS, Eduardo, *El Delito de Blanqueo de Capitales*, p. 120; ARÁNGUEZ SÁNCHEZ, Carlos, *El Delito de Blanqueo de Capitales*, p. 59.

[129] BLANCO CORDERO, Isidoro, *El Delito de Blanqueo de Capitales*, p. 89; SANTIAGO, Rodrigo, O "branqueamento" de capitais e outros produtos do crime, en *Direito Penal Económico Europeu: Textos Doutrinários*, v. II, Coimbra Editora, 1999, p. 368.

[130] ZARAGOZA AGUADO, Javier Alberto, *El blanqueo de dinero. Aspectos sustantivos. Su investigación*, p. 140.

holding no estrangeiro sofrerá uma perda de 5 milhões de dólares, mas como este dinheiro pertence ao lavador, não lhe produzirá nenhum prejuízo econômico. Desta forma, alcança-se o objetivo, pois o dinheiro foi repatriado de forma que aparenta ser benefício de atividades mercantis legítimas. Se baixa o preço da mercadoria, o lavador terá uma perda comercial, mas esta será compensada pelo benefício correspondente obtido pela companhia *holding* em Hong-Kong, a outra parte do contrato. Assim, o dinheiro continua estando disponível para uma nova tentativa de repatriação, e a vantagem é que o reciclador pode contabilizar esta perda em seu balanço de outras atividades mercantis no que diz respeito aos impostos.[131]

7.3.4.4. Sistemas bancários subterrâneos ou irregulares.[132] São sistemas criados por grupos étnicos que não confiam no sistema bancário comercial tradicional dos países, dispondo de sistemas próprios que empregam para transferir dinheiro das drogas, e as mais conhecidas são as bancas "Hawalla" as "Hundi" por sua origem asiática.[133] Nas palavras de Aránguez Sánchez, trata-se de grupos organizados dedicados a gestionar uma forma de "bolsa de investimento ilícito", que muitas vezes não têm implantação em todos os países em que operam, senão que entre as distintas organizações criminais com conexão entre si, funcionando entre elas um mecanismo de compensação similar ao que existe entre as entidades que operam legalmente.[134]

Essas operações normalmente ocorrem através de lojas de compra e venda de ouro, cambistas de dinheiro e companhias comerciais controladas em vários países pela mesma família ou por pessoas associadas, possibilitando, assim, a transferência de fundos de um país a outro, depositando-se simplesmente dinheiro num dos negócios controlados pela família ou seus associados em seu país e crescendo a mesma quantidade em um dos negócios familiares no país desejado. Para a prevenção da necessidade do banqueiro de manter documentos, os depósitos informais normalmente são representados por recibos em forma de cartas de baralho partidas pela metade

---

[131] ZARAGOZA AGUADO, Javier Alberto, *El blanqueo de dinero. Aspectos sustantivos. Su investigación*, p. 140.

[132] ARÁNGUEZ SÁNCHEZ, Carlos, *El Delito de Blanqueo de Capitales*, p. 68, refere que "este não é sempre um método de lavagem, pois na maioria dos casos não se dá o definitivo transpasso dos capitais da economia ilegal a legal".

[133] ZARAGOZA AGUADO, Javier Alberto, *El blanqueo de dinero. Aspectos sustantivos. Su investigación*, p. 141.

[134] ARÁNGUEZ SÁNCHEZ, Carlos, *El Delito de Blanqueo de Capitales*, p. 69.

e outros meios similares. Assim, essas instituições elaboram uma dupla contabilidade: a oficial, que aparentemente reflete a atividade do negócio que se encobre, e a real, que habitualmente é codificada, permitindo manter um fluxo monetário clandestino pelos quais seus clientes podem investir seu dinheiro sujo em negócios ilegais.[135] Através desse sistema, transfere-se grande parte do dinheiro gerado pela heroína do sudeste asiático.[136]

7.3.4.5. Compra ou estabelecimento de companhias privadas. Essas operações ocorrem com empresas que operam com grandes somas de dinheiro em cédulas. É usual a compra de bares, restaurantes, hotéis, lojas de carros, agências de viagem, empresas de construção etc. Esses são os setores de atividade econômica nos quais se manifesta com maior intensidade a presença de dinheiro em papel-moeda, pois neles converge uma massa anônima e indeterminada de consumidores que demandam bens ou serviços de primeira necessidade.[137] Assim, os lavadores os utilizam como uma de suas técnicas para conceder carta de legalidade a suas enormes fortunas, ou para aproximá-las ao enorme numerário arrecadado diariamente. Um exemplo disso é a utilização de uma grande cadeia de armazéns ou de hipermercados, pois nesses estabelecimentos resulta praticamente impossível estabelecer um controle pormenorizado de todas as transações efetuadas.[138] De acordo com isso, através desses mecanismos, é possível lavar grandes quantidades de dinheiro em notas, mas a rede de estabelecimentos enganosos deverá ser bem complexa e, por isso, mais aberta e sujeita a ser detectada pelas autoridades. Isso porque os gastos inflados, as faturas falsas, os empregados fantasmas e os ganhos inflados deixam um rastro documental que exige o comprometimento de contadores e outras pessoas. A conseqüência disso é que cada vez mais as autoridades oficiais se interessem por tais negócios. Também o custo da lavagem é maior e corre mais risco de ser detectado do que outros métodos.[139]

---

[135] BLANCO CORDERO, Isidoro; LOURENÇO MARTINS, A.G., *Branqueamento de capitais: contra-medidas a nível internacional e nacional*, p. 458 y 459.

[136] ZARAGOSA AGUADO, Javier Alberto. *El blanqueo de dinero. Aspectos sustantivos. Su investigación.*, p. 14; Nesse sentido, FABIAN CAPARROS, Eduardo, *El Delito de Blanqueo de Capitales*, p. 138; BLANCO CORDERO, Isidoro, *El Delito de Blanqueo de Capitales*, p. 90 y 91.

[137] FABIAN CAPARROS, Eduardo. *El Delito de Blanqueo de Capitales*, p. 123.

[138] Id. ibidem.

[139] BLANCO CORDERO, Isidoro. *El Delito de Blanqueo de Capitales*, p. 90.

Nessa modalidade, Fabián Caparrós assinala também as atividade de organizações esportivas como uma das mais importantes dedicadas à lavagem de dinheiro sujo. Isso porque uma das principais fontes de financiamento que gozam as entidades esportivas se constitui pelos ingressos de caixa realizados em espécie pelos torcedores que adquirem suas entradas. De forma semelhante com o que ocorre com os hotéis, restaurantes, supermercados etc., o enorme movimento mais ou menos encoberto de dinheiro que se produz nas atividades esportivas (futebol, boxe, automobilismo), contratação de jogadores, organização de campeonatos, acordos milionários de publicidade, normalmente favorecem as possibilidades de justificar a posse de dinheiro em espécie procedente de atividades ilegais.[140]

7.3.4.6. Através de "atividades de caixa". Esse é o método considerado mais simples para lavar dinheiro, mas, em contrapartida, é um dos mais difíceis de detectar. Consiste na utilização de empresas denominadas "de caixa", que são empresas com forma societária que prestam ao público serviços de pequena entidade e em geral, de escassa quantia econômica, não deixando assim justificação alguma da evidência de sua realização. Nesses estabelecimentos, o volume de negócios é de difícil controle e por isso permite, sem levantar suspeitas, dar aparência de licitude ao dinheiro de procedência delitiva que periodicamente se ingressa em caixa como se se tratasse de pagamentos realizados por clientes pelos serviços prestados.[141]

---

[140] FABIÁN CAPARRÓS, Eduardo, *El Delito de Blanqueo de Capitales*, p. 125.
[141] PALMA HERRERA, José Manuel, *Los Delitos de Blanqueo de Capitales*, p. 200 y 201.

8. Conceito de lavagem

Os autores que estudaram o fenômeno da lavagem de dinheiro normalmente oferecem cada um o seu conceito, pois o termo "lavagem de dinheiro" não tem demasiado rigor científico.

Gomez Iniesta entende por lavagem de dinheiro ou bens "a operação através da qual o dinheiro de origem sempre ilícita (procedente de delitos que se revestem de especial gravidade) é investido, ocultado, substituído ou transformado e restituído aos circuitos econômico-fianceiros legais, incorporando-se a qualquer tipo de negócio como se fosse obtido de forma lícita".[142]

Ruiz Vadillo assinala que o fenômeno que reconduz esse capital "obtido como conseqüência de delitos ao sistema econômico-financeiro oficial, de tal forma que possa incorporar-se a qualquer tipo de negócio como se fosse obtido de forma lícita e tributariamente correta".[143]

Diaz-Maroto, por sua vez, entende o fenômeno de lavagem de dinheiro como "o processo ou conjunto de operações mediante as quais os bens ou o dinheiro resultante de atividades delitivas, ocultando tal procedência, integram-se no sistema econômico ou financeiro".[144]

Diez Ripollés conceitua a lavagem de capitais como os "procedimentos pelos quais se aspira a introduzir no tráfico econômico-financeiro legal os grandiosos benefícios obtidos a partir da realização de determinadas atividades delitivas especialmente lucrativas, pos-

---

[142] GOMEZ INIESTA, Diego J., *El delito de blanqueo de capitales en Derecho Español*, Cedecs, Barcelona, 1996, p. 21.

[143] RUIZ VADILLO, Enrique, El blanqueo de capitales en el ordenamiento jurídico español. Perspectiva actual y futura, en *Boletín de Información del Ministerio de Justicia*, n. 1641, p. 109.

[144] DIAZ-MAROTO Y VILLAREJO, Julio, *El blanqueo de capitales en el Derecho Español*, Dykinson, 1999, p. 5.

sibilitando assim um desfrute daqueles juridicamente inquestioná-veis".[145]

Fabián Caparrós traz o estudo dos traços essenciais da reciclagem de fundos e refere-se à lavagem como "o processo que tende a obter a aplicação em atividades econômicas lícitas de uma massa patrimonial derivada de qualquer gênero de condutas ilícitas, com independência de qual seja a forma que essa massa adote, mediante a progressiva concessão à mesma de uma aparência de legalidade".[146]

Como assinalamos, todos os autores têm sua definição para o fenômeno da lavagem de dinheiro e o definem em termos iguais ou muito parecidos, assim, não é necessário que se faça uma enumeração mais abrangente, já que não seria de maior interesse.

No Brasil, não há uma definição doutrinária específica sobre o tema, pois normalmente segue um conceito baseado na tipicidade penal, ou seja, que a lavagem é a ocultação de bens, direitos ou valores que sejam oriundos de determinados crimes de especial gravidade.[147]

---

[145] DIEZ RIPOLLÉS, José Luis, *El blanqueo de capitales procedente del tráfico de drogas*, Actualidad Penal, n. 32, septiembre, 1994, p. 609.

[146] FABIÁN CAPARRÓS, Eduardo, *El Delito de Blanqueo de Capitales*, p. 76.

[147] BARROS, Marco Antonio, *Lavagem de Dinheiro*, p. 5.

9. Características do delito de lavagem de dinheiro

Segundo a doutrina, a lavagem de dinheiro é um exercício de separação a partir do qual se procura o distanciamento de determinados bens a respeito de sua origem ilícita. Assim, conforme essa riqueza seja progressivamente distanciada de sua efetiva procedência – o que é o mesmo, à medida que se ocultem todos aqueles traços que permitiriam descobrir sua autêntica natureza e impediriam a reintrodução de tais bens no mercado lícito –, melhor será o resultado da regularização e maior a consistência dessa aparência de legalidade.[148]

De acordo com isso, é normal o emprego que se faz habitualmente dos vocábulos "lavagem" ou "branqueamento", tantos nos meios de comunicação de massas como inclusive entre os círculos jurídicos ou econômicos.[149]

Fabián Caparrós, fazendo uma comparação com as manchas que resistem à química dos detergentes, assinala que os rendimentos procedentes de atividades criminais encontram-se marcados pela ilicitude de sua origem. Assim, como se de uma prenda se tratasse, seria preciso lavar uma e outra vez esse capital sujo até obter- se os resultados desejados, até que a riqueza tenha sido afastada suficientemente de sua procedência ilegal, fazendo com que as diferentes instâncias de controle não possam identificar sua verdadeira natureza.[150]

---

[148] FABIÁN CAPARRÓS, Eduardo. *El Delito de Blanqueo de Capitales*, p. 49.

[149] BAJO FERNANDEZ, Miguel. "Derecho Penal Económico: Desarrollo Económico, Protección Penal y Cuestiones Político/Criminales", en *Hacia un Derecho Penal Económico Europeo, Jornadas en honor del Profesor Klaus Tiedemann*, Madrid, 1995, p. 63 e ss., critica esta expressão sob o argumento de que o termo não é técnico, senão que pertence à linguagem da criminalidade econômica.

[150] FABIÁN CAPARRÓS, Eduardo, *El Delito de Blanqueo de Capitales*, p. 50.

Mas a plena limpeza da riqueza não se obtém de forma instantânea ou imediata, senão em virtude de um progressivo processo através do qual se oculta a existência de ingressos, ou a ilegalidade de sua procedência ou de seu destino, a fim de simular sua autêntica natureza e assim conseguir que pareçam legítimos. Isso ocorre depois de uma série de operações pontuais (câmbio de divisas, transferências bancárias, aquisição de imóveis, constituição de sociedades etc.). Não há dúvida de que cada uma dessas operações tende a facilitar a regularização perseguida, mas será preciso efetuar uma série delas até conseguir o nível *de limpeza* desejado: o suficiente grau de ocultação da origem de tais ingressos para que possam ser reintegrados na vida econômica regular sem levantar suspeita ou, ao menos, sem que a origem ilícita dos mesmos possa ser demonstrada.[151]

De acordo com esse conceito dinâmico de lavagem, estabelece-se uma série de fases ou estágios que analisamos linhas acima, ao longo dos quais teria lugar a aparente normalização destes rendimentos ilícitos. Segundo a doutrina, a primeira fase é a de ocultação ou colocação, na qual se faz desaparecer a enorme quantidade de dinheiro em notas derivadas de atividades ilegais mediante o depósito do mesmo em mãos de intermediários financeiros.[152] A segunda fase é a conversão. Com a redução da vultosa quantidade, o patrimônio resultante ficaria submetido em segunda instância a um bom número de transações dirigidas a assegurar no possível o distanciamento desses bens de sua origem ilícita,[153] é dizer, é preciso desaparecer o vínculo existente entre o delinqüente e o bem procedente de sua atuação, dificultando o seguimento da pegada ou rastro do dinheiro.[154] O processo conclui-se com a fase da integração, na qual a riqueza obtém a definitiva aparência de legalidade que se pretendia dar, o que significa que o dinheiro pode ser utilizado no sistema econômico e financeiro como se fosse dinheiro obtido licitamente.[155]

---

[151] FABIÁN CAPARRÓS, Eduardo, *El Delito de Blanqueo de Capitales*, p. 50.

[152] VIDALES RODRIGUEZ, Caty, *Los delitos de receptacion y legitimación de capitales en el Código Penal de 1995*, p. 72; ZARAGOZA AGUADO, Javier, *El blanqueo de dinero. Aspectos sustantivos. Su investigación*, p. 134; BLANCO CORDERO, Isidoro, *El Delito de Blanqueo de Capitales*, p. 71 y 72; MARTOS NÚÑEZ, Juan Antonio, *Receptación y blanqueo de bienes*, en *El Nuevo Código Penal y la Ley del Jurado*, Ed. Fundación el Monte, Sevilla 1998, p. 152.

[153] FABIÁN CAPARRÓS, Eduardo, *El Delito de Blanqueo de Capitales*, p. 51.

[154] VIDALES RODRIGUEZ, Caty, *Los delitos de receptación y legitimación de capitales en el Código penal de 1995*, p. 73.

[155] Id. ibidem, p. 74.

Fabián Caparrós faz uma crítica à técnica de compartimentos das fases de lavagem, pois resultaria fácil comprovar como as distintas fases se sobrepõem em muitas ocasiões e inclusive coincidem, possibilidade que aumenta no caso das formas mais características da criminalidade econômica, âmbito em que os instrumentos que são utilizados para obter um enriquecimento ilícito também podem ser empregados como meios que facilitem a circulação desse patrimônio, distanciem de sua origem delitiva ou procurem sua reintrodução no mercado legal.[156]

O autor conclui que é a própria entidade de reciclamento que nega validade da citada divisão. Isso porque é certo que o regresso desses capitais no processo econômico poderia ser considerado como último degrau de uma escada hipotética, cuja completa ascensão permitiria desvinculá-los completamente de sua origem e fazê-los abandonar definitivamente a sobra da ilegalidade. De acordo com isso, essa reintrodução não teria a natureza distinta de qualquer das fases anteriores. Finalmente, a lavagem deve ser vista como um processo, e não como o resultado deste, pois dificilmente poderia falar-se com propriedade de uma meta, que é a total e absoluta desaparição dos traços neste capital que pudessem revelar sua origem ilícita, quando a razão leva à conclusão de que essa meta é, de fato, tão perfeita como teoricamente inalcançável. Mesmo que se saiba qual é o ponto de partida dessa hipotética ascensão – a comissão de um fato ilícito economicamente produtivo –, não é possível determinar aonde se encontra o seu fim, já que sempre será possível avançar um passo novo, realizando uma nova operação de lavagem que favoreça um pouco mais a distância dos bens a respeito de sua remota procedência.[157]

Na opinião da doutrina, fala-se de lavagem de capitais e não se faz distinção entre "dinheiro negro" e "dinheiro sujo". Esses qualificativos são normalmente empregados no jargão econômico e financeiro para expressar o caráter irregular de determinados bens, mas é freqüente a utilização de ambos os vocábulos como sinônimos.[158] Portanto, é necessário estabelecer o significado dos termos para os efeitos da lavagem de dinheiro.

---

[156] FABIÁN CAPARRÓS, Eduardo, *El Delito de Blanqueo de Capitales*, p. 53.

[157] Idem, p. 54.

[158] BLANCO CORDERO, Isidoro, *El Delito de Blanqueo de Capitales*, p. 93; FABIÁN CAPARROS, Eduardo, *El Delito de Blanqueo de Capitales*, p. 55; ARÁNGUEZ SÁNCHEZ, Carlos, *El Delito de Blanqueo de Capitales*, p. 30.

A riqueza negra origina atividades comerciais legais, suprimindo as obrigações fiscais,[159] ou, em outras palavras, é aquela cujo titular mantém a margem das instâncias estatais de controle fiscal, ficando liberado de submeter-se ao dever de contribuição dos gastos impostos pelo sistema tributário.[160]

Por sua vez, o dinheiro negro é aquele que, além de permanecer de costas para os circuitos econômicos oficiais, encontra sua origem em uma atividade ilícita *per si*,[161] ou seja, procede de atividades delitivas.[162]

Após a análise da diferença entre dinheiro sujo e dinheiro negro, cabível que se fale que nem só o dinheiro é objeto de lavagem. Ainda que se utilizem as expressões *dinheiro sujo* e *dinheiro negro* com relação à lavagem, não se pode sustentar que somente o dinheiro é objeto de reciclagem. Por influência da mídia ou dos meios econômicos e jurídicos, quase sempre a lavagem está relacionada com dinheiro em notas. Se esta afirmação fosse verdadeira, teríamos que aceitar que os criminosos não operam com outras formas de vantagem econômica, assim como que não é preciso ocultar a procedência de tais bens para poderem ser introduzidos nos mercados lícitos sem levantar a menor suspeita. Mas todos sabem que isso não é assim.

As operações de lavagem não podem estar vinculadas somente ao dinheiro em notas.[163] O aparecimento de novas instituições mercantis, o avanço tecnológico que permite operações instantâneas entre países, as transações eletrônicas etc., modificaram os intercâmbios econômicos, e a moeda viu-se passada a um plano secundário em favor do título-valor, do cartão de crédito, do contrato contábil, ou da transferência eletrônica. De acordo com isso, em muitas ocasiões não será o dinheiro em notas o produto obtido com a comissão do delito, senão qualquer outra vantagem patrimonial suficientemente importante para que seja preciso dotá-la de um disfarce de

---

[159] BLANCO CORDERO, Isidoro, *El Delito de Blanqueo de Capitales*, p. 93.

[160] FABIÁN CAPARRÓS, Eduardo, *El Delito de Blanqueo de Capitales*, p. 55.

[161] Idem, p. 58.

[162] BLANCO CORDERO, Isidoro, *El Delito de Blanqueo de Capitales*, p. 93.

[163] ARÁNGUEZ SÁNCHEZ, Carlos, *El Delito de Blanqueo de Capitales*, p. 29, assinala que "a lavagem não deve referir-se unicamente ao dinheiro, pois, ainda que as atividades econômicas (lícitas ou ilícitas) normalmente geram dinheiro em espécie, não se descarta a possibilidade de que se obtenha outro tipo de proveito como conseqüência da atividade ilícita que serve de base à lavagem, como, por exemplo, um título de valor (ações, bônus, letras, cheques, etc.), um imóvel, pedras preciosas e uma larga lista de possibilidades".

legalidade. É claro que em comparação com o dinheiro tais ganhos são mais difíceis de lavar.[164]

De todas as formas, uma coisa é certa, resulta demasiado restritivo falar exclusivamente de lavagem de dinheiro, já que a noção de valores patrimoniais permite englobar não só o dinheiro em notas obtido de forma ilícita, como também os títulos, os direitos de crédito, as pedras e metais preciosos, os bens móveis e imóveis etc.[165] Portanto, nem sempre será o dinheiro que deriva das atividades delitivas o que será lavado ou reintegrado, senão que em outras ocasiões serão outros bens ou ativos que poderão ser objetos de lavagem.

---

[164] FABIÁN CAPARRÓS, Eduardo, *El Delito de Blanqueo de Capitales*, p. 66; GOMEZ INIESTA, Diego J., *El delito de blanqueo de capitales en Derecho Español*, p. 47.

[165] RENART GARCÍA, Felipe, *El blanqueo de capitales en el derecho suizo*, Poder Judicial, 1998, p. 145; MARTINEZ-BUJÁN PÉREZ, Carlos, *Derecho Penal Económico, Parte Especial*, Tirant lo blanch, Valencia, 1999, p. 297; GOMEZ INIESTA, Diego J., *El delito de blanqueo de capitales en Derecho Español*, p. 47.

10. O bem jurídico protegido

É cediço que cada vez mais se impõe a doutrina de proteção de bens jurídicos, como missão primordial do Direito Penal,[166] ainda que outros autores não coloquem expressamente esta missão em seus textos, afirmando a proteção ou garantia das expectativas normativas,[167] ou, ainda, os valores de ato da consciência jurídica.[168]

Portanto, sempre foram uma preocupação da doutrina os bens jurídicos protegidos pelo legislador, é dizer, quando o legislador cria um tipo penal sempre deve buscar a proteção de um bem jurídico.[169] É que existem determinados entes pelos quais o legislador se interessa e expressa esse interesse por meio de uma norma jurídica, fazendo com que sejam considerados, em sentido jurídico, como bens jurídicos. E, quando o legislador penal quer tutelar esse bem, condenando sua violação com uma pena, os bens jurídicos passam a ser bens jurídicos penalmente tutelados.

Por isso, hoje, na literatura contemporânea dirigida à política criminal e à dogmática, o bem jurídico é uma das expressões que mais ocupa espaço. Ao menos para a política criminal contemporânea de um estado social e democrático de Direito, vale como um

---

[166] ROXIN, Claus. *Derecho Penal*. Parte General. Tomo I. Traducción de Diego-Manuel Luzón Peña, Miguel Díaz y Garcia Conlledo y Javier de Vicente Remesal. Madrid: Civitas, 1997, p. 52; JESCHECK, Hans-Heinrich. *Tratado de Derecho Penal*. Parte General. 4ª. Edición. Traducción de José Luis Manzanares Samaniego. Granada: Editorial Comares, 1993, p. 6.

[167] JAKOBS, Günther. *Derecho Penal*. Fundamentos y teoría de la imputación. Traducción de Joaquin Cuello Contreras y Jose Luis Gonzalez de Murillo. Madrid: Marcial Pons, 1997, p. 44 e ss., para quem a missão do Direito Penal consiste na manutenção da vigência das normas.

[168] WELZEL, Hans. *Derecho Penal Alemán*. Traducción de Juan Bustos Ramírez y Sergio Yáñez Pérez. Santiago: Editorial Jurídica Comares, 1993, p. 3, onde o autor afirma que mais essencial que a proteção de determinados bens jurídicos concretos é a missão de assegura a real vigência (observância) dos valores de ato da consciência jurídica; eles constituem o fundamento mais sólido que sustenta o Estado e a sociedade.

[169] Para uma concepção atual de bem jurídico, ROXIN, Claus. *A proteção de bens jurídicos como função do Direito Penal*. Tradução de André Luís Callegari e Nereu José Giacomolli. Porto Alegre: Livraria do Advogado Editora, 2006, p. 16 e ss.

axioma a afirmação de que é a tutela do bem jurídico que simultaneamente define a função do Direito Penal e marca os limites da legitimidade de sua intervenção.

Portanto, entre os limites que hoje habitualmente impõem-se ao *jus puniendi* do Estado, ocupa um lugar destacado o expresso pelo princípio de exclusiva proteção de bens jurídicos. Reforça- se a exigência de que o Direito Penal tutele unicamente ataques aos bens jurídicos.[170] Isso é uma das manifestações de uma colocação político-criminal mais global: o que parte da necessidade de postular o uso mais restritivo possível do Direito Penal. Supõem a concepção do direito Penal como um mal menor que só é admissível na medida que resulte de todo necessário.[171] Disso, surge a indagação de quando é necessária a intervenção do Direito Penal, e a resposta será quando o exige a proteção dos bens jurídicos.

Assim, não se concebe a existência de uma conduta típica que não afete um bem jurídico, uma vez que os tipos não passam de particulares manifestações de tutela jurídica desses bens.

Alguns autores falam de um princípio de exclusiva proteção de bens jurídicos, o que significa que o controle social penal somente deve intervir quando ocorre lesão ou perigo de lesão aos bens jurídicos concretos.[172] Não cabe, portanto, acionar o intrumento estatal de controle se o comportamento de alguém não é lesivo. O princípio da exclusiva proteção de bens jurídicos, no Estado Social e Democrático de Direito, constitui uma clara limitação ao poder punitivo do Estado, na medida em que circunscreve a atuação do mecanismo repressor à tutela de bens jurídicos relevantes, de natureza coletiva ou individual, e aos ataques mais graves a esses bens.

A aceitação do princípio de exclusiva proteção de bens jurídicos significa, desde logo, que as incriminações não podem visar à proteção de meros valores éticos ou morais, nem à sanção das condutas socialmente inóquas. A intervenção punitiva do Estado somente legitima-se quando salvaguarda interesses ou condições que reúnem duas características: em primeiro lugar, a da generalidade (deve tratar-se de bens ou condições que interessem à maior parte da so-

---

[170] MIR PUIG, Santiago, *El Derecho penal en el Estado social y democrático de derecho*, Editorial Ariel, Barcelona, 1994, p. 159.

[171] MIR PUIG, Santiago, *El Derecho penal en el Estado social y democrático de derecho*, p. 159.

[172] LUZÓN PEÑA, Diego-Manuel, *Curso de Derecho Penal*, Parte General I, Editorial Universitas, Madrid, 1996, p. 82; SILVA FRANCO, Alberto, *Código Penal e sua Interpretação Jurisprudencial*, Editora Revista dos Tribunais, 6ª. Edición, São Paulo, 1997, p. 37.

ciedade, e não a uma parte ou setor dessa); em segundo lugar, a da transcendência (a intervenção penal somente justifica-se para tutelar bens essenciais para o homem e a sociedade, bens vitais) o contrário é um uso sectário ou frívolo do Direito Penal: sua perversão.[173]

Além disso, Luzón disse que o princípio pode fundamentar-se desde a perspectiva do moderno Estado Social e Democrático, considerando que os bens jurídicos são condições básicas para o funcionamento social e para o desenvolvimento e a participação dos cidadãos na vida social.[174]

Dos vários sinais que poderiam ser impressos à idéia de bem jurídico, mais importante para a finalidade que entendemos como correta, é a de construção de um sistema penal fundado na Constituição como instrumento limite da intervenção estatal. Entretanto, outros autores apresentam outras finalidades e funções para o bem jurídico, nem por isso menos relevantes.

Sob a perspectiva da política criminal, a noção de bem jurídico é importante para a definição da direção do Direito Penal, principalmente em tempos de reformas penais, em que o Estado muitas vezes intervém em áreas em que não é necessário, pois existem outros ramos do Direito para a solução do problema.[175]

Roxin advertiu que a exigência de que o Direito Penal só pode proteger "bens jurídicos" desempenhou um importante papel na discussão da reforma das últimas décadas.[176]

Sempre que se forma, ou que se pensa na formação de um tipo penal, deve-se pensar em um bem jurídico. Todo tipo descreve uma

---

[173] GARCÍA-PABLOS, Antonio, *Derecho Penal – Introducción*, Madrid, Universidad Complutense, 1995, p. 2.

[174] LUZÓN PEÑA, Diego-Manuel, *Curso de Derecho Penal*, p. 82.

[175] Essa consideração merece atenção quando os governos tentam reformar os Códigos Penais, pois a função político-criminal do bem jurídico constitui um dos critérios principais de individualização e de delimitação da matéria destinada a ser objeto da tutela penal. Cfr. ROXIN, Claus, *Problemas básicos del derecho penal*, Reus, p. 22, assinala que "se deveria examinar desta maneira toda a ordem jurídica, afim de empregar o Direito penal para proteger bens jurídicos a assegurar as metas das prestações vitalmente necessárias somente onde não bastem para sua consecução meios menos enérgicos. Naturalmente que isso pressupõe uma ampla investigação da realidade do Direito, assim como muita reflexão sobre as sanções extra-penais adequadas. Mas, senão nos damos esse trabalho ante a reforma do Direito penal que nos incumbe, haveremos omitido colocar ao Direito penal uma das exigências mais urgentes do Estado de Direito. Porque é evidente que nada favorece tanto a criminalidade como a penalização de qualquer injusto consistente numa insignificância".

[176] ROXIN, Claus, *Derecho Penal, Parte General*, Tomo I, Traducción y notas de Diego-Manuel Luzón Peña, Miguel Díaz y García Conlledo y Javier de Vicente Remesal, Editorial Civitas, Madrid, 1997, p. 52.

ação dirigida contra bens jurídicos.[177] Os bens jurídicos são interesses vitais da comunidade, aos quais o Direito Penal outorga sua proteção.[178] Proteção por meio do Direito Penal significa que, mediante normas jurídicas, proíbem-se com ameaça de pena as ações idôneas para diminuir de modo particularmente perigoso os interesses vitais da comunidade. O tipo parte, assim, da norma, e a norma, do bem jurídico.[179] Assim também Welzel, ao conceituar o bem jurídico, assinalou que é um bem vital da comunidade ou do indivíduo que por sua significação social é protegido juridicamente.[180] Para esse autor, bem jurídico é todo o estado social desejável que o Direito quer resguardar de lesões. A soma dos bens jurídicos não constitui um monte atomisado, senão a ordem social e, por isso, a significação de um bem jurídico não deve ser apreciada isoladamente em relação a ele mesmo, senão somente em conexão com toda a ordem social.[181]

Toda ação típica está voltada à causação de uma situação de perigo ou lesão a bens jurídicos. No tipo, o legislador descreve aquelas expressões da vida humana que, segundo o seu critério, encarnam a negação dos valores jurídicos. Com efeito, o legislador quando decide tipificar determinadas ações como injustos puníveis, toma sempre como ponto de partida a necessidade de proteger certos bens contra aqueles ataques que se consideram mais intoleráveis.[182] O bem jurídico é o centro nevrálgico não só do tipo de injusto, senão também do tipo de delito. Por isso se afirma, no plano metodológico, que o bem jurídico tem categoria de síntese, e que o sentido mais profundo de cada tipo em particular somente é captado quando logramos determinar o respectivo bem jurídico.[183]

---

[177] RODRIGUEZ MOURULLO, Gonzalo, *Derecho Penal, Parte General*, Editorial Civitas, Madrid, 1978, p. 276.

[178] Assim também MUÑOZ CONDE, Francisco y GARCÍA ARAN, Mercedes, *Derecho Penal, Parte General*, 2ª Edición, Tirant lo blanch, Valencia, 1996, p. 278. Nesse sentido WESSELS, Johannes, *Direito Penal, Parte Geral*, Traducción de Juarez Tavarez, Editora Sergio Antonio Fabris, Porto Alegre, 1976, p. 3, quando afirma que a tarefa do Direito penal é a de proteger os valores elementares da vida comunitária no âmbito da ordem social e garantir a manutenção da paz jurídica como ordenamento de proteção e pacificação serve o Direito penal para a proteção dos bens jurídicos e a manutenção da paz jurídica.

[179] JESCHECK, Hans-Heinrich, *Tratado de Derecho Penal, Parte General*, Cuarta Edición, Traducción de José Luis Manzanares Samaniego, Editorial Comares, Granada, 1993, p. 231.

[180] WELZEL, Hans, *Derecho Penal Alemán, Parte General*, 4ª Edición, Traducción de Juan Bustos Ramírez y Sergio Yáñez Pérez, Editorial Jurídica de Chile, 1993, p. 5.

[181] WELZEL, Hans, *Derecho Penal Alemán*, p. 5.

[182] RODRIGUEZ MOURULLO, Gonzalo, *Derecho Penal, Parte General*, p. 276 e ss.

[183] Idem, p. 277.

Parece-me importante o que afirma Bustos ao tratar dos limites materiais do *jus puniendi* e fazer referência ao bem jurídico em sentido de que o princípio da necessidade da pena corre o perigo de ser demasiado abstrato e vago, requerendo, pois, uma base concreta de sustentação que assinale os pontos e limites do sistema.[184] É que não basta o princípio da necessidade da pena, resulta indispensável assinalar o que é protegido, problema que a teoria penal tentou solucionar mediante o desenvolvimento da teoria do bem jurídico. Nesse sentido, a intervenção do Estado só é possível e necessária quando se trata da proteção de bens jurídicos.[185] Assim, não se podem estabelecer penas que não tenham o seu fundamento na existência de um bem jurídico protegido, e também não se podem estabelecer delitos que não estejam construídos sobre a existência de um bem jurídico.[186]

Mir Puig escreve que o conceito de bem jurídico é utilizado pela doutrina penal em dois sentidos: a) Em sentido político-criminal (*de lege ferenda*), o único que merece ser protegido pelo Direito Penal (em contraposição, sobretudo, aos valores somente morais); b) No sentido dogmático (*de lege lata*), de objeto efetivamente protegido pela norma penal vulnerada de que se trate, afirmando que interessa o sentido dogmático de bem jurídico, como "objeto da tutela jurídica", por exemplo, a vida, a propriedade, a liberdade, a honra, etc., enquanto o Código Penal castiga determinados ataques contra esses bens.[187]

O bem jurídico demonstra diversas funções que se manifestam no âmbito dogmático e político-criminal, e que tomam como ponto de referência o caráter posterior ou prévio ao Direito positivo. De um ponto de vista político-criminal, o bem jurídico serve de inspirador do Direito positivo futuro e com respeito do presente, cumprindo

---

[184] BUSTOS RAMÍREZ, Juan, *Manual de Derecho Penal Español, Parte general*, Editorial Ariel, Barcelona, 1984, p. 50.

[185] Idem, p. 154.

[186] Idem, p. 154. Nesse sentido LUZÓN-PEÑA, *Curso de Derecho Penal*, p. 82, afirma que "o limite ao *ius puniendi* se depreende do fundamento funcional, do princípio geral de necessidade da pena para a proteção da sociedade, pois recorrer a algo tão grave como a sanção penal frente a condutas que não ataquem bens jurídicos seria inecessário porque em todo o caso basta com meios extra-penais, mas também se dilatando, por infundado ou ao menos desproporcionado, seria ineficaz".

[187] MIR PUIG, Santiago, *Derecho Penal*, Parte General, 4ª Edición, PPU, Barcelona, 1996, p. 134.

uma função crítica ou de valoração de sua adequação ao princípio de exclusiva proteção de bens jurídicos.[188]

De um ponto de vista dogmático, destaca-se a função interpretativa (interpretação teleológica dirigida a excluir condutas não lesivas nem perigosas de bens jurídicos) e a função sistemática (dirigida a classificação das infrações penais).É que a determinação do âmbito de proteção ou alcance do tipo pressupõe uma decisão político-criminal prévia: a valoração e a ponderação levada a cabo pelo legislador, antes de promulgar os distintos tipos penais, decide quais são os casos em que existem boas razões para limitar a liberdade geral de atuação (norma de valoração).[189] Esse momento valorativo prévio à norma encontra-se estreitamente relacionado com o caráter fragmentário do Direito Penal, que não defende os bens jurídicos contra todos os ataques possíveis.

Portanto, resulta evidente que indagar sobre a noção de bem jurídico supõe, igualmente, tratar de entrar no jogo das relações existentes entre o Direito Penal e a realidade social. O ordenamento punitivo que não trate de encontrar em si mesmo o porquê de sua existência, senão que esteja inspirado na idéia de servir às necessidades da comunidade, haverá de transcender mais além de seus limites e esforçar-se por determinar os objetos dignos de tutela na sociedade e no jogo de relações que ela implica em cada momento histórico.[190]

Hassemer faz um resumo dos fins da teoria do bem jurídico em que expõe que a determinação da missão do Direito Penal, com a ajuda do conceito de bem jurídico, oferece ao legislador um critério plausível e prático na hora de tomar sua decisões e, ao mesmo tempo, um critério externo de comprovação da justiça dessas decisões. Esse critério, ao mesmo tempo que é utilizável, deve ser facilmente apreensível, a fim de evitar que o legislador possa ameaçar com uma pena tudo "o que, em sua opinião, deva ser mantido intacto e sem alteração alguma". A idéia do bem jurídico conduz, portanto, a uma política-criminal racional: o legislador penal deve medir suas decisões com critérios justos e claros, utilizando-os ao mesmo tempo para sua justificação crítica. Tudo aquilo que não objetiva a

---

[188] BLANCO CORDERO, Isidoro, *El Delito de Blanqueo de Capitales*, p. 154.

[189] FEIJOO SANCHEZ, Bernardo, *Homicidio y Lesiones Imprudentes: Requisitos y Límites Materiales*, Editorial Edijus, Madrid, 1999, p. 70/71.

[190] FABIÁN CAPARROS, Eduardo A., *El Delito de Blanqueo de Capitales*, Editorial Colex, 1998, p. 164/165.

proteção dos bens jurídicos deve ser excluído do âmbito do Direito Penal.[191]

Assim, a doutrina majoritária considera que a missão principal do Direito Penal é a proteção de bens jurídicos, chegando a estabelecer que a razão de ser desse ramo do ordenamento jurídico baseia-se na própria existência dos bens jurídicos, razão pela qual "não deve haver delito sem um bem jurídico preciso e concreto". Com isso, o legislador fica limitado na elaboração de tipos penais que não protejam bens jurídicos. Ademais, deverá sempre haver uma justificação plausível que enseje a criação de um tipo penal, e essa justificação deverá ser pela proteção de um bem jurídico determinado.

Para a determinação dos bens jurídicos, é necessário recorrer às diferentes elaborações doutrinais que se formularam em torno da teoria do bem jurídico protegido pela norma penal, e estabelecer esses limites em sua intervenção; sobretudo se levarmos em conta que a violação da norma penal tem como conseqüências a perda de direitos fundamentais constitucionalmente reconhecidos, como podem ser a liberdade ou o direito de exercer uma determinada profissão, o que muitas vezes supõe uma pena mais grave, por suas conseqüências para um determinado tipo de pessoas, que a privativa de liberdade.[192]

Ocorre que se observamos a legislação punitiva atual e a nova criação dos tipos penais, sobretudo o que se vem denominando moderno Direito Penal, o mais característico e surpreendente é que se invoque o conceito de bem jurídico para criminalizar ações em vez de utilizá-lo como limite para tanto, modificando a função originária que se lhe atribuiu.[193]

Dentro do reconhecimento da dupla função do bem jurídico – como critério político-criminal orientado à tutela máxima de bens jurídicos com o mínimo necessário de proibições e castigos e como um instrumento dogmático que nos permite analisar os tipos penais

---

[191] HASSEMER, Winfried y MUÑOZ CONDE, Francisco, *Introducción a la Criminología y al Derecho Penal*, Tirant lo blanch, Valencia, 1989, p. 103.

[192] MAPELLI CAFFARENA, Borja; TERRADILLOS BASOCO, Juan, *Las Consecuencias Jurídicas del Delito*, Tercera Edición, Editorial Civitas, S.A., Madrid, 1996, p. 83 e ss.

[193] HASSEMER, Winfried, Rasgos y Crisis del Derecho penal moderno, *Anuario de Derecho Penal y Ciencias Penales*, Tomo XLVI, Fascículo II, mayo-agosto, 1992, p. 238 e 239. Assim que para Hassemer "a proteção de bens jurídicos se transformou de um princípio negativo a um positivo de criminalização. O que se formulava classicamente como uma crítica ao legislador de que não podia criar delitos onde não existisse um bem jurídico, transformou-se em uma exigência de que criminalize determinadas condutas. Com isso modifica-se de forma sub-reptíssea o princípio de proteção de bens jurídicos".

–, uma vez superada a clássica fundamentação de corte naturalista, dentro da teoria do bem jurídico, existem duas correntes de opinião: as de corte sociológico e a ainda vigente constitucionalista.[194]

Jäger foi um dos primeiros autores que seguiu uma tendência sociológica, para quem "proteção de bens e configuração de bens são opostos inconciliáveis, pois a proteção só é concebível racionalmente quando antes do ato legislativo já existia um bem vital ou cultural. A teoria do bem jurídico baseia-se, portanto, na premissa que bem jurídico só pode ser o que antes já era bem (valor social)".[195]

Na realidade, o fundamento da incriminação de determinadas condutas, e portanto do delito, não é o dano social que se produz ao modelo socialmente estruturado, senão que o autor do mesmo não cumpre as regras estabelecidas pelo ordenamento jurídico, de tal forma que os bens jurídicos constituem-se como as condições de existência da vida social.[196]

Ocorre que quem elege esses bens jurídicos que devem ser protegidos penalmente é o legislador, levando em conta que a punição de determinadas condutas e a utilização da pena devem servir como um instrumento orientador das relações sociais, já que a sociedade é produto de consenso de todos seus integrantes. Por isso, deve impor-se uma pena a quem não cumpre ou transgride esse consenso previamente estabelecido.[197]

As tendências sociais ou sociológicas determinam o conteúdo do bem jurídico tomando a realidade social como referência fundamental, partindo do princípio de que ela constitui o substrato em que o ser humano – em relação ao sujeito que vive em comunidade – levanta suas potencialidades, manifesta suas necessidades e, em suma, desenvolve sua personalidade.[198]

---

[194] CARPIO DELGADO, Juana, *El Delito de Blanqueo de Bienes en el Nuevo Código Penal*, Tirant lo Blanch, Valencia, 1997, p. 37.

[195] BUSTOS RAMÍREZ, Juan, *Manual de Derecho Penal Español*, Parte General, p. 59.

[196] CARPIO DELGADO, Juana, *El Delito de Blanqueo de Bienes en el Nuevo Código Penal*, p. 40. Nesse sentido MAURACH, Reinhart y ZIPF, Heinz, *Derecho penal, Parte general*, 1, Traducción de Jorge Boffil Genzsch y Enrique Aimone Gibson, Editorial Astrea, Buenos Aires, 1994, p. 336. "Só pode viger como bem jurídico um interesse reconhecido pela totalidade ou, ao menos, por uma relevante maioria do conglomerado social. Por isso, o reconhecimento e a classe dos bens não só depende da estrutura, senão também das modificações correntes de cada época. A qualidade do bem jurídico de um determinado interesse vigora de forma mais genérica, quanto maior for sua proximidade aos direito naturais do indivíduo e da comunidade".

[197] CARPIO DELGADO, Juana, *El Delito de Blanqueo de Capitales en el Nuevo Código Penal*, p. 40/41.

[198] FABIÁN CAPARRÓS, Eduardo A., *El Delito de Blanqueo de Capitales*, p. 170.

A crítica de Bustos no sentido de que todas essas tendências sociológicas ou sociais que partem de alguma determinada base teórica seja funcionalista ou interacionista simbólica, e se aproximam também a posições críticas, tendem somente a assinalar determinadas condições para a existência de um bem jurídico, já seja em geral ou em concreto, dentro de uma sociedade democrática, ou bem tentar precisar sua função garantidora geral. Mas ao faltar uma precisão concreta de seu conteúdo, conexão e localização com o sistema social, não aparece suficientemente delineada sua função ou significação dogmática, e, portanto, no seu caráter garantista específico, é dizer, em relação a fixar os pressupostos normativos da pena.[199]

A outra corrente para a fundamentação do bem jurídico é a constitucional, que destaca que existem duas ordens de valores dentro do ordenamento jurídico, uma estaria fixada na Constituição, e outra, na legislação penal. A ordem de valores penais somente coincidiria no nuclear (vida, liberdade, patrimônio) com os valores constitucionais, mas haveria outros que não estariam estruturados como tais na Constituição, entretanto, de toda forma, a Constituição fixaria a orientação básica do *jus puniendi*.[200]

Para Roxin, a derivação do bem jurídico decorre da Constituição. O ponto de partida correto consiste em reconhecer que a única restrição previamente dada para o legislador se encontra nos princípios da Constituição. Portanto, um conceito de bem jurídico vinculante político-criminalmente só pode derivar dos encargos plasmados na Lei Fundamental do Estado de Direito, baseado na liberdade do indivíduo, através dos quais se marcam seus limites à potestade punitiva do Estado.[201]

Acreditamos que a afirmação de Roxin é correta, pois o legislador tem como limite os princípios constitucionais para a orientação do *jus puniendi*, o que impossibilita qualquer criação de tipos penais ou qualquer restrição de liberdade dos indivíduos que não sejam as

---

[199] BUSTOS RAMÍREZ, Juan, *Manual de Derecho Penal Español*, Parte General, p. 62.

[200] Id. ibidem, p. 58.

[201] ROXIN, Claus, *Derecho Penal, Parte General*, pp. 55/56. Cfr. BLANCO CORDERO, Isidoro, El Delito de Blanqueo de Capitales, p. 157 e ss., A vinculação do bem jurídico à Constituição começa pela doutrina Alemã no final dos anos sessenta e princípio dos setenta, quando os outores tentam buscar um conceito material de bem jurídico sobre a base de critérios aptos para vincular o legislador na hora de criar incriminações. Surge, assim, a vinculação do bem jurídico à Constituição como ponto de referência limitador da atividade do legislador no momento de definir infrações penais. Nesse sentido, PALAZZO, Francesco, *Valores Constitucionais e Direito Penal*, tradução de Gerson Pereira dos Santos, Sergio Antonio Fabris Editor, Porto Alegre, 1989, p. 103 e ss.

permitidas na Constituição. Assim, na criação dos tipos penais deve-se olhar sempre para os preceitos da Constituição, a fim de que o Direito Penal não intervenha onde não faça falta, e também respeite as garantias do cidadão.

Se falamos do bem jurídico em sentido geral, devemos falar sobre o bem jurídico nos delitos econômicos e, mais ainda, quando se trata de buscar o bem jurídico protegido na lavagem de dinheiro.

O legislador constitucional brasileiro fez referência expressa aos crimes econômicos na Constituição de 1988, buscando assim reprimir o abuso do poder econômico que visasse à dominação de mercado, à eliminação da concorrência e ao aumento arbitrário dos lucros.[202]

Portanto, há um forte indicativo de que no Brasil o bem jurídico protegido pela Lei de Lavagem de Dinheiro é a ordem socioeconômica. Não existe como na Espanha, por exemplo, uma disposição expressa no Código Penal que possa servir de indicativo, é dizer, localizar dentro do Código em qual capítulo estaria inserido este tipo de delito (contra o patrimônio, contra a administração da justiça, contra a economia etc.). Como nosso Código Penal é de 1940, quase toda a legislação que trata dos delitos econômicos foi introduzida por leis especiais.

Com a Lei de Lavagem de Dinheiro, acabou ocorrendo a mesma coisa, ou seja, o governo aprovou a Lei n. 9.613, de 3 de março de 1998, com a preocupação de evitar a crescente criminalidade de lavagem de dinheiro, que, a nosso juízo, estaria mais relacionada com a crescente criminalidade antecedente, é dizer, com os crimes prévios aos de lavagem. A doutrina reconhece também a pluralidade ofensiva na conduta criminosa destinada a reciclar capitais ilícitos, já que uma série de interesses, inclusive individuais, pode ser ofendidas pela criminalidade organizada com intenção de lavar dinheiro. Porém, de maneira predominante, ainda que seja evidente a pluriofensividade dessas condutas, a norma está dirigida à defesa dos interesses globais ou metaindividuais relativos a uma ordem socioeconômica normal.[203] Além de afetar as relações interpessoais e o

---

[202] Nesse sentido, RIBEIRO LOPES, Mauricio Antonio, *Criterios Constitucionais de Determinação dos Bens Jurídicos Penalmente Relevantes*, tese de livre docência inédita, Faculdade de Direito da Universidade de São Paulo, 1999, p. 824.

[203] Contra, TIGRE MAIA, Rodolfo, *Lavagem de Dinheiro*, p. 57, refere que o bem jurídico protegido é a Administração da Justiça, pois as condutas descritas no tipo atacam a Justiça como instituição e como função, prejudicando-a em sua realização e diminuindo seu prestígio e confiança. Segundo o autor, os comportamentos incriminados vulneram o interesse do Estado em identificar a origem dos bens e também os sujeitos ativos que os geram, o que afeta o regular funcionamento da Justça.

patrimônio individual, a delinqüência organizada e os processos de lavagem de dinheiro possuem objetivos e finalidades especiais, distintos da criminalidade tradicional, desenvolvendo em grande escala e com espírito empresarial uma série de macroatuações, algumas de caráter supranacional, que terminam por influenciar de maneira importante o próprio sistema econômico.[204]

Essa influência é percebida quando nos deparamos com as estimativas sobre a quantidade de dinheiro sujo em circulação e o fluxo de valores dirigidos aos mais de 48 paraísos fiscais que existem atualmente. Assim, a grande quantidade de dinheiro, gerada principalmente pelo narcotráfico, pela corrupção, pelas distintas formas de contrabando e outras espécies de criminalidade organizada, necessita obrigatoriamente passar por um processo de depuração, que encontra no circuito econômico seu transporte necessário e natural.[205]

Para a ampliação de suas atividades delitivas e a conseqüente consolidação de sua estrutura de organização, a criminalidade organizada acaba participando da vida econômica normal de um país, através de operações financeiras e da constituição de entidades e empresas destinadas a receber fluxos de capitais, que passarão a ser utilizados nas atividades de comércio, indústria, etc. Esse financiamento ilegal acaba por contaminar a normalidade do contexto econômico e sua fisiologia natural, pois produz uma situação de intensa desigualdade entre os investidores lícitos e aqueles que buscam sua força em capitais de origem ignorada. Assim, estabelece-se uma competição desleal e um desconhecimento de realidade de mercado, o que, ao final, irá produzir um nefasto efeito sobre as bases da economia, comprometendo a estabilidade econômica e a normalidade política que dela deriva.[206]

Portanto, é costume afirmar que a conduta de lavagem de dinheiro tem repercussão nos interesses metapessoais e, por essa razão, o bem jurídico protegido não poderia ser outro senão a ordem socioeconômica.[207] O fundamento dessa idéia é que o sistema eco-

---

[204] CERVINI, Raúl; TERRA DE OLIVEIRA, Willian; GOMES, Luiz Flávio, *Lei de Lavagem de Capitais*, Editora Revista dos Tribunais, São Paulo, 1998, p. 322.

[205] Cfr. CERVINI, Raúl, em CERVINI Raúl; TERRA DE OLIVEIRA, Willian; GOMES, Luiz Flavio, Lei de Lavagem de Capitais, p. 322.

[206] CERVINI, Raúl; TERRA DE OLIVEIRA, Willian; GOMES, Luiz Flavio, *Lei de Lavagem de Capitais*, p. 323.

[207] BARROS, Marco Antonio, *Lavagem de Dinheiro*, Editora Oliveira Mendes, São Paulo, 1998, p. 5., em opinião semelhante afirma que os bens jurídicos que a lei brasileira tutela são o sistema financeiro e econômico do País, pois busca-se garantir a mínima segurança das operações

nômico é, na realidade, o substrato global de interesses individuais, tratando-se de um bem jurídico individual e autônomo, entretanto, de característica coletiva. Atribui-se esse perfil metaindividual ao objeto de proteção da norma para impedir o comprometimento dos destinos econômicos de toda uma sociedade e evitar a erosão do sistema democrático de direito.

Um setor minoritário na doutrina defende que o bem jurídico protegido é a administração da Justiça, ainda que não esqueça que a lei também protege a ordem socioeconômica do país. É que o comportamento do lavador é, de fato, prejudicial ao livre mercado, muitas vezes comprometendo a livre concorrência entre as empresas, pois ao beneficiar-se de capitais ilícitos o lavador não necessita recorrer aos canais legítimos para buscar dinheiro, como, por exemplo, o crédito bancário. De qualquer sorte, para esse setor da doutrina, a Administração da Justiça é sempre vulnerada em qualquer das fases de lavagem, o que não ocorre com os outros bens jurídicos indiretamente protegidos, como o sistema econômico.[208]

A dificuldade em sustentar que a ordem econômica é o bem jurídico protegido reside em que se trata de um bem jurídico não tangível, além disso, muitas vezes a ordem econômica acaba se fortalecendo com os delitos de lavagem de dinheiro porque os valores incorporados fomentam a economia (mercado imobiliário, bolsas, aplicações financeiras etc.)

Nesse sentido, Suárez González afirma que a ordem sócioeconômica não pode ser o bem jurídico protegido pelo delito de lavagem de capitais. Isso porque não se determina nos comportamentos de lavagem o resultado lesivo concreto que produzem na ordem socioeconômica, nem tampouco os princípios econômicos aos que afeta. De outro lado, desde uma perspectiva jurídico-econômica haveria razões para se valorar positivamente as condutas de lavagem, pois ao aflorar e introduzir-se nos circuitos econômicos legalmente estabelecidos essas quantidades monetárias, estarão sujeitas aos mesmos controles e obrigações impositivas de índole tributária que

---

e transações de ordem econômica. Afirma também o autor que a lei visa a impedir a oculta ou dissimulada inserção no mercado, que é regido e se desenvolve segundo a ordem vigente, de dinheiro, bens e direitos provenientes de alguns crimes graves que são costumeiramente praticados pelos criminosos ou por associações criminosas organizadas. Por isso, a lei foi estabelecida com a intenção de prevenir a utilização dos sistemas financeiros e econômico do País para fins ilícitos, sobretudo com o propósito a legalização do patrimônio de origem criminosa, isto é, do produto ou resultado dos crimes antecedentes nela especificados.

[208] TIGRE MAIA, Rodolfo, *Lavagem de Dinheiro*, p. 58.

os capitais de procedência líticita. Também não se pode afirmar que o sistema financeiro seria atingido, porque ao se afirmar isso se estaria passando por alto que o sistema financeiro não é mais do que um instrumento *neutro* que serve para canalizar os capitais que afluem ao mercado e que de modo algum se vê afetado em seu funcionamento pela "origem" dos próprios capitais.[209]

Por isso, a ordem sócioeconômica somente sofreria um abalo reflexo, porque antes de mais nada o delito de lavagem de dinheiro afeta o princípio da livre concorrência que deve ser fiscalizada pelos poderes públicos. É que o empresário que viola o marco normativo de desenvolvimentode sua atividade atenta simultaneamente contra a leal concorrência, pois situa-se numa imerecida privilégio em relação a seus competidores de mercado. Portanto, a máxima expressão desta forma de deslealdade competitiva seria a lavagem de capitais de ilícita procedência, pois nestes casos a vantagem obtida pelo lavador em relação a quem com ele concorre no mercado alcança suas máximas quotas.[210]

Nesse sentido, o capital que possui determinada empresa constitui um de seus principais trunfos para desenvolver com êxito suas atividades num mercado competitivo. Assim, a existência de agentes econômicos que contam com uma fonte de capital ilícito, quase ilimitado e a um custo econômico muito inferior ao do capital legalmente obtido, supõe um duro golpe a concorrência leal.[211]

De acordo com Aránguez Sánchez, a lesividade da lavagem não está centrada na ordem sócioeconômica, pois centrar-se nela seria desconhecer outros efeitos perniciosos da lavagem. É que a incriminação da lavagem pode servir para não incentivar a comissão de futuros delitos, porque se dificulta a aquisição de riqueza que perseguem em muitas ocasiões os delinqüentes, e também a inclusão do delito de lavagem na legislação penal pode ser um fator que reforce a perda de poder das organizações criminosas porque acerta um duro golpe em sua estrutura. Porém, estes efeitos seriam cola-

---

[209] SUÁREZ GONZÁZES, Carlos. Blanqueo de capitales y merecimiento de pena: consideraciones críticas a la luz de la legislación española, p. 144.

[210] ARÁNGUEZ SÁNCHEZ, Carlos. *El delito de blanqueo de capitales*. Madrid: Marcial Pons, 2000, p.98. Em sentido contrário, SUÁREZ GONZÁZES, Carlos. Blanqueo de capitales y merecimiento de pena: consideraciones críticas a la luz de la legislación española. *Cuadernos de Política Criminal*, n. 58, Madrid, 1996, p. 143/144, refere que a livre concorrência não é afetada porque as práticas contrárias a ela não encontram nos ordenamentos jurídicos europeus uma proteção penal global. Ademais, não se pode afirmar que os capitais de origem ilícito são obtidos com um "custo" econômico ou jurídico menor que os de origem lícito.

[211] ARÁNGUEZ SÁNCHEZ, Carlos. *El delito de blanqueo de capitales*, p. 98.

terais e incidentais, pois o interesse fundamental que deve tutelar o delito de lavagem de capitais é a leal concorrência na ordem socioeconômica.[212]

O problema da concorrência desleal não é enfocado pela doutrina brasileira e merece uma reflexão. De fato, quando o lavador obtem valores através da comissão de determinados delitos, pode reaparelhar sua empresa ou organização sem que necessite recorrer ao sistema legal. Com isso, além de ficar à margem dos órgãos de controle, não se submete às regras e taxas do mercado, o que facilita a aquisição de equipamentos e estruturação de sua empresa.

Assim, o custo para obtenção dos capitais de origem ilícito é menor que o custo para obtenção do capital lícito. O que é maior ou igual é o risco para obtenção dos capitais de origem ilícito. Entretanto, obter o capital de origem ilícito com um custo menor e ingressá-lo no sistema financeiro é o que justifica a proteção indireta da ordem socioeconômica como bem jurídico protegido.[213]

Por fim, afirmar que o delito de lavagem seria um delito pluriofensivo, porque atingiria mais de um bem jurídico, ou seja, lesaria a administração da justiça no impedimento da descoberta do crime antecedente e, também, a ordem socioeconômica, não pode prosperar. De acordo com a lógica, se isso fosse assim o delito de receptação deveria estar no Código Penal dentro do Título dos delitos contra a adminstração da justiça, porque também, de uma certa forma, impedem o descubrimento do autor do delito antecedente.

A justiça não pode esperar que o autores dos delitos antecedentes façam a declaração do cometimento dos seu próprios crimes, ou, que declare que a origem de parte do patrimônio é oriunda de atividade ilícita. Ninguém está obrigado a produzir prova contra si mesmo[214] e a adminstração da justiça e os orgãos encarregados da persecução criminal devem ter o aparelhamento suficiente para isso.[215]

---

[212] ARÁNGUEZ SÁNCHEZ, Carlos. *El delito de blanqueo de capitales*, p. 98.

[213] CALLEGARI, André Luís. *El delito de blanqueo de capitales en España y Brasil*. Bogotá: Universidad Externado de Colombia, 2003, p. 122.

[214] DÍAZ-MAROTO Y VILLAREJO, Julio. *Direito Penal em Tempos de Crise*. Porto Alegre: Livraria do Advogado Editora, 2007, p. 53.

[215] Vid. a respeito, PITOMBO, Antônio Sérgio A. de Moraes. *Lavagem de Dinheiro. A tipicidade do crime antecedente*. São Paulo: Editora Revista dos Tribunais, 2003, p. 72 e ss.

11. As condutas típicas II: o tipo objetivo no Direito Penal brasileiro

11.1. Sujeito ativo

O delito de lavagem de dinheiro no Brasil exige, expressamente, como na Espanha, a prévia comissão de um delito, porém, esse vem previsto na Lei 9.613/98, nos quais tem sua origem os bens objeto de lavagem. Entretanto, o legislador não dispôs uma restrição em relação ao sujeito ativo e, tampouco, exigiu deste alguma qualificação, o que possibilita que o delito de lavagem seja realizado por qualquer pessoa.

Pode-se começar o estudo do delito de lavagem de dinheiro analisando o tratamento destinado a delitos que, igualmente ao de lavagem, têm como pressuposto a prévia realização de um delito, como ocorre na receptação. Com relação ao delito de receptação, exclui-se do âmbito de possíveis sujeitos ativos aqueles que intervêm como autores ou cúmplices no delito previamente cometido.

Ainda que não exista a previsão expressa na receptação da exclusão dos que tenham intervindo no delito prévio como ocorre na Espanha,[216] a doutrina majoritária brasileira adota essa posição. Assim, o sujeito ativo da receptação pode ser qualquer pessoa, salvo o autor, co-autor ou partícipe do delito antecedente. Ainda que execute o crime antecedente, não poderá ser autor da receptação, mesmo que também participe desta de qualquer forma. Se participa

---

[216] Art. 298.1 do Código Penal Espanhol, estabelece: "Aquele que, com ânimo de lucro e com conhecimento da comissão de um delito contra o patrimônio ou a ordem sócio-econômica, em que não tenha intervindo nem como autor nem como cúmplice, ajude aos responsáveis a aproveitarem-se dos efeitos do mesmo, ou receba, adquira ou oculte tais efeitos, será castigado com a pena de prisão de seis meses a dois anos".

da infração penal antecedente, por exemplo de subtração, será autor da comissão de um furto.[217]

Parte da doutrina brasileira fundamenta a impunidade do interveniente no delito prévio com respeito às posteriores condutas receptadoras sobre os efeitos de seus delitos, em consideração ao princípio da consunção e do pós-fato impune. A consumação amplia-se para abarcar também, através de critérios valorativos, a pluralidade de fatos. Isto ocorre nos casos de ações anteriores ou posteriores que a lei concebe, implícita ou explícitamente, como necessárias, ou aquilo que dentro do sentido de uma figura constitui o que normalmente ocorre. Trata-se do fato anterior ou posterior impune. Assim, os fatos posteriores significam um aproveitamento e, por isso, ocorrem regularmente depois do fato anterior, sendo por este consumidos.[218]

A doutrina brasileira não se pronunciou em relação ao delito de lavagem de dinheiro. Por conseguinte, devemos determinar se o interveniente no delito prévio previsto na Lei nº 9.613/98 pode ser o posterior autor do delito de lavagem de dinheiro. Uma primeira análise do tipo penal de lavagem de dinheiro nos permite afirmar que é um delito comum. A classificação dos tipos penais pode ser feita de acordo com o círculo de sujeitos que podem ser autores das condutas neles incriminadas. Assim, há delitos comuns e especiais. Os delitos comuns caracterizam-se pelo fato de que qualquer sujeito pode ser autor.[219] Por sua vez, os delitos especiais requerem para sua realização um determinado sujeito ativo, que possua uma qualificação exigida pelo tipo penal, pois este limita o círculo da autoria.[220]

Seguindo essa classificação, o preceito contido no artigo 1º da Lei nº 9.613/98, relativo à lavagem de dinheiro, é um delito comum, pois a modalidade contida no preceito pode ser realizada por qual-

---

[217] DE JESUS, *Direito Penal*, PE, p. 426; MIRABETE, *Manual de Direito Penal*, PE, p. 323, opina que "o partícipe do furto que influencia para que um terceiro adquira a coisa subtraída, responde só pelo furto e não pela receptação, considerada *post factum* impunível"; SILVA FRANCO, *Código Penal e sua Interpretação Jurisprudencial*, PE, p. 2.801; FRAGOSO, *Lições de Direito Penal*, PE, p. 551; REGIS PRADO; BITTENCOUT, *Código Penal Anotado*, p. 644; ALMEIDA SALLES JR., *Código Penal interpretado*, p. 596.

[218] FRAGOSO, *Lições de Direito Penal*, PG, p. 377; DE JESUS, *Direito Penal*, PG, p. 102; REGIS PRADO, *PG*, p. 134 y 135.

[219] COELHO, *Teoria Geral do Crime*, p. 156; REGIS PRADO, *Curso de Direito Penal Brasileiro*, PG, p. 151; MIRABETE, *Manual de Direito Penal*, PG, p. 129; ASSIS TOLEDO, *Princípios Básicos de Direito Penal*, p. 141.

[220] COELHO, *Teoria Geral do Crime*, p. 156; MIRABETE, *Manual de Direito Penal*, PG, p. 129; ASSIS TOLEDO, *Princípios Básicos de Direito Penal*, p. 141 y 142.

quer pessoa, já que o preceito inicia com uma expressão anônima[221] ("Ocultar ou dissimular a natureza..."), sem que o legislador tenha feito qualquer exigência expressa relativa ao sujeito ativo do delito.[222]

Já que o sujeito ativo do delito de lavagem de capitais pode ser, em princípio, qualquer pessoa, é necessário agora analisar se os responsáveis pelo delito prévio podem ser sancionados como autores do posterior delito de lavagem de capitais, é dizer, se fica incluído ou não o sujeito que interveio no delito em que tiveram origem os bens. A lei brasileira silenciou a respeitos dessa questão.

Portanto, ao examinarmos o art. 1º da Lei 9.613/98, chega-se à conclusão de que qualquer pessoa pode ser o sujeito ativo do delito de lavagem de dinheiro, já que o legislador brasileiro não estabeleceu nenhuma restrição nesse ponto. Por essa razão, pode-se concluir que o legislador não excluiu do círculo de possíveis sujeitos ativos aquelas pessoas que tenham participado como autores ou partícipes no delito prévio que deu origem aos bens jurídicos objetos de lavagem. Entretanto, ainda que a doutrina brasileira não tenha se manifestado sobre o tema, não nos parece aplicável aos casos de lavagem as considerações doutrinárias referentes à receptação.

Entendemos que são aplicáveis as conclusões a que chegam alguns autores espanhóis a respeito do delito de lavagem de bens previsto no artigo 301 do Código Penal Espanhol. Uma parte da doutrina espanhola utiliza, como um dos fundamentos para excluir os autores e partícipes que intervieram no delito prévio do círculo de possíveis sujeitos ativos do delito de lavagem, o fundamento do fato posterior "copenado" ou impune.[223] O fato posterior seria impune em conseqüência da aplicação do princípio da consunção a determinados casos de concursos de leis e, ao aplicar-se este princípio ao delito de lavagem de dinheiro, pode-se afirmar que as posteriores condutas realizadas pelo sujeito ativo do delito prévio, para se aproveitar de seus efeitos, ficariam consumidas por este. Assim, ao sujeito só se aplicaria a pena do delito prévio, pois nessa já se inclui o castigo pela condutas posteriores.

Outro fundamento utilizado por alguns penalistas espanhóis para excluir os autores e partícipes que intervieram no delito pré-

---

[221] JESCHECK, *Tratado de Derecho Penal*, p. 240.

[222] TERRA DE OLIVEIRA, *Lei de Lavagem de Capitais*, p. 324.

[223] GONZÁLES RUS, *PE, tomo I*, p. 852; Com relação ao "autoencubrimiento", ZARAGOZA AGUADO, "Receptación y blanqueo de capitales", p. 468.

vio do círculo de possíveis sujeitos ativos do delito de lavagem de bens é o privilégio do "autoencubrimiento". Para esse setor da doutrina, deve aplicar-se por extensão o "autoencubrimiento", previsto no artigo 451 do Código Penal espanhol, aos tipos de lavagem de dinheiro, ainda que não o recolham em seu teor literal. Os argumentos para os que defendem essa postura baseiam-se em que, ainda que o artigo 301 do Código Penal espanhol seja omisso a respeito e constitua uma tipificação autônoma de um delito de "encubrimiento", seria possível afirmar que o critério sobre o que se apóia a impunidade do delito posterior cometido pelos responsáveis do fato prévio, quando pretendam elidir a ação da justiça, é o privilégio do "autoencubrimiento", e o fundamento de tal fato reside no princípio da inexigibilidade de outra conduta distinta da realizada.[224]

Finalmente, outros penalistas consideram que os sujeitos ativos do delito prévio que realizem posteriores condutas branqueadoras devem ser castigados por estas. De acordo com isso, não seria possível excluir aos intervenientes no delito prévio como sujeito ativo das posteriores condutas de lavagem, sob os fundamentos do princípio da consunção ou ao "autoencubrimiento". Essa posição baseia-se no fundamento de que as condutas de lavagem de dinheiro do sujeito que também interveio no delito prévio lesiona um novo bem jurídico, devendo-se, portanto, apreciar uma nova infração, independente da realizada previamente. Assim, não haveria um concurso de leis entre o delito prévio e o posterior delito de lavagem a ser resolvido pelo princípio da consunção ou do "autoencubrimiento", senão um concurso de delitos.[225]

Vejamos as soluções que podem ser aplicadas no Brasil. Nosso Código Penal não recolhe expressamente o delito de encobrimento como tal, ainda que existam figuras que descrevem a mesma conduta prevista no Código Penal espanhol e denominadas de favorecimento pessoal e favorecimento real, localizadas nos artigos 348 e 349.[226] As hipóteses de aplicação dos artigos 348 e 349 do Código Penal brasileiro estão previstas para os sujeitos que não intervieram no delito prévio, é dizer, o auxílio deve ser prestado depois, e não

---

[224] En ese sentido, BLANCO CORDERO, *El delito de blanqueo de capitales*, p. 479 y ss.

[225] CARPIO DELGADO, *El delito de blanqueo de bienes*, p. 236.

[226] Os artigo 348 e 349 do Código Penal brasileiro possuem disposições muito semelhantes ao encobrimento previsto no artigo 451 do Código Penal espanhol. Dispõe expressamente o artigo 348 CP: "Auxiliar a subtrair-se à ação de autoridade pública autor de crime a que é cominada a pena de reclusão". O artigo 349 CP dispõe: "Prestar a criminoso, fora dos casos de co-autoria ou de receptação, auxílio destinado a tornar seguro o proveito do crime".

antes ou durante a prática do delito. O sujeito do crime previsto no artigo 348 CP não pode ter participado do crime anterior, pois é impune a ação de autofavorecer-se. Assim, se o sujeito auxilia no delito prévio não pode ser condenado pelos delitos previstos nos artigos 348 e 349 do CP,[227] pois também será considerado autor ou partícipe do delito prévio.[228] Assim, se o sujeito atua no delito prévio, por exemplo no delito de tráfico de drogas, e depois ajuda de qualquer forma a ocultar os bens provenientes daquele delito, não poderia ser condenado por esta ocultação, pois seria autor do delito prévio. Em princípio, tem aplicação o privilégio do autofavorecimento ao delito de lavagem de dinheiro, pois se o sujeito atua no delito prévio, previsto na Lei de Lavagem como autor, e depois realiza a ocultação, seria impune esta ocultação pela disposição expressa do artigo 349 do CP, muito similar ao "autoencubrimiento" previsto no Código Penal Espanhol.[229] Entretanto, o bem jurídico tutelado nesse delito é a administração da justiça, pois o auxílio vai encaminhado a assegurar o proveito do crime, dificultando ou impedindo a ação da justiça,[230] e a doutrina brasileira, que se manifestou a respeito do delito de lavagem de dinheiro, assinala que o bem jurídico tutelado é o sistema econômico e financeiro do país,[231] ou a ordem socioeconômica do país.[232] Por conseguinte, quando o sujeito do delito prévio realiza condutas que constituem um novo delito autônomo, tipificado numa lei especial para penalizar precisamente condutas dirigidas a evitar o descobrimento por parte das autoridades do delito prévio cometido, não tem aplicação o autofavorecimento previsto no artigo 349 do CP brasileiro.

As modalidades de lavagem de dinheiro previstas na Lei n° 9.613/98 não tipificam condutas de favorecimento, ainda que estruturalmente possam parecer similares às de lavagem. A comissão de condutas típicas de lavagem não supõe o ataque ao bem jurídico Administração da Justiça, senão a circulação ou tráfico de bens no mercado econômico e financeiro do país, o que significa que as condutas de lavagem possuem uma tipificação autônoma.

---

[227] FRAGOSO, *Lições de Direito Penal, PE*, p. 531; DELMANTO, *Código Penal Comentado*, p. 53; DE JESUS, *Direito Penal, PE*, p 271; STOCO, *Código Penal e sua interpretação jurisprudencial*, volume 1, tomo II, 1997, p. 3.875.

[228] MAGALHÃES NORONHA, *Direito Penal*, p. 390.

[229] Cfr. BLANCO CORDERO, *El delito de blanqueo de capitales*, p. 479 y ss.

[230] FRAGOSO, *Lições de Direito Penal, PE*, p. 534.

[231] BARROS, *Lavagem de dinheiro*, p. 5.

[232] TERRA DE OLIVEIRA, *Lei de Lavagem de Capitais*, p. 323.

Não aceitamos o fundamento do fato posterior "copenado" ou impune para excluir os autores e partícipes do delito prévio como possíveis sujeitos ativos do delito de lavagem de dinheiro. O fundamento do fato posterior impune é conseqüência da aplicação do princípio da consunção a determinados casos de concurso de leis. Ao aplicar-se o princípio da consunção em relação ao delito de lavagem de dinheiro, pode-se afirmar que as posteriores condutas realizadas pelo sujeito ativo do delito prévio, para que se aproveite de seus efeitos, ficam consumidas por este, é dizer, que na pena do delito prévio se inclui o castigo pelas posteriores condutas encobridoras. Segundo a doutrina brasileira, ocorre a consunção quando um crime é meio necessário ou normal fase de preparação ou de execução de outro crime.[233] Assim, existe a consunção quando uma lei, conforme seu próprio sentido, inclui o desvalor delitivo de outra e por isso não permite a aplicação desta última.[234] Um setor da doutrina inclui a hipótese do fato posterior impune quando se refere ao princípio da consunção, que ocorre quando um resultado eventual já está abarcado pelo desvalor da conduta de outro tipo legal.[235]

De acordo com o exposto, para que ocorra um fato posterior impune, o fato posterior praticado pelo sujeito não pode lesionar um bem jurídico distinto ao vulnerado pelo delito anterior, é dizer, a conduta do sujeito ativo deve lesionar um mesmo bem jurídico. Assim, os tipos penais antecedentes previstos na Lei de Lavagem de Dinheiro teriam que incluir já o desvalor da própria lavagem. Porém, isso não ocorre, pois não há a identidade do bem jurídico protegido entre os delitos prévios e o posterior delito de lavagem de dinheiro, já que o delito de lavagem é uma figura autônoma que tem seu próprio bem jurídico, o que permite diferenciar com exatidão o bem jurídico desse delito e dos delitos antecedentes. Desse modo, as condutas de lavagem de dinheiro do sujeito que também tenha atuado no delito prévio lesionam um novo bem jurídico, permitindo a apreciação de uma nova infração, independente daquela que se realizou previamente. Por isso, pode-se concluir que não tem aplicação o princípio da consunção nos casos em que o sujeito ativo do delito de lavagem também tenha atuado no delito prévio, porque não se cumpre a exigência de que os delitos anteriores já abarquem

---

[233] FRAGOSO, *Lições de Direito Penal, PG*, p. 376; REGIS PRADO, *Curso de Direito Penal Brasileiro, PG*, p. 134; MIRABETE, *Manual de Direito Penal, PG*, p. 116.

[234] Idem; ZAFFARONI; PIERANGELI, *Manual de Direito Penal brasileiro, PG*, p. 738.

[235] ZAFFARONI; PIERANGELI, *Manual de Direito Penal brasileiro*, p. 738.

o desvalor da conduta posterior,[236] ou que o autor não lesione um novo bem jurídico, é dizer, que o bem jurídico lesionado pelo fato prévio e pelo posterior coincidam.[237]

A solução para os casos em que o sujeito tenha atuado no delito prévio e também no delito de lavagem é a do concurso de crimes, previsto no artigo 69 do CP.

Dessa forma, se o sujeito intervém num dos delitos antecedentes previstos na Lei n° 9.613/98, por exemplo, o tráfico de drogas, e depois oculta a origem dos bens provenientes daquele delito, se produzirá um concurso material de crimes,[238] em que as penas do delito de tráfico somam-se às do delito de lavagem.

11.2. Excurso. A autoria e a participação no delito de lavagem de dinheiro no Brasil

11.2.1. Autoria

A doutrina penal brasileira assinala que numa concepção estritamente formal o autor seria o anônimo, "aquele que" ou "quem", dispostos nos tipos da Parte Especial do Código Penal. Assim, sucintamente, o autor é o executor material do fato criminoso. Entretanto, isso não é suficiente para delimitar o conceito de autor e tampouco para estabelecer uma distinção entre autoria e participação.[239]

O Código Penal não oferece um conceito de autoria, pois o artigo 29 limita-se a estabelecer uma forma de ampliação da figura típica, que pode abranger tanto a autoria como a participação.

Como o preceito do concurso de pessoas não define um conceito de autor, ficou ao encargo da doutrina assinalar dito conceito.[240] Atualmente, a doutrina brasileira discute qual a melhor teoria para conceituar quem são os autores de um delito. Em princípio, a causalidade determinava a autoria no Brasil, é dizer, é autor todo aquele

---

[236] FRAGOSO, *Lições de Direito Penal*, p. 376.

[237] CARPIO DELGADO, *El delito de blanqueo de bienes*, p. 236.

[238] Sobre o tema, MIRABETE, *Manual de Direito Penal, PG*, p. 298; DE JESUS, *Direito Penal, PG*, p. 522; LEAL, *Direito Penal Geral*, p. 430; REGIS PRADO, *Curso de Direito Penal brasileiro*, p. 330; FRAGOSO, *Lições de Direito Penal, PG*, p. 365.

[239] SILVA FRANCO, *Código Penal e sua interpretação jurisprudencial*, p. 445.

[240] CALLEGARI, André Luís, *Imputação Objetiva*, Porto Alegre, Livraria do Advogado, 2001, p. 77 e ss.

que aporta uma contribuição causal para o fato. Por conseguinte, não existe distinção entre autoria e participação.[241] O conceito unitário adotado considera autor a todos os intervenientes que aportam uma contribuição causal para a realização do tipo, independente da importância que corresponda a sua colaboração no marco da totalidade do ocorrido. As críticas da doutrina brasileira coincidem com as já mencionadas pela doutrina estrangeira, ou seja, a causalidade constitui o único critério de relevância jurídico-penal de um comportamento. De outro lado, nos delitos de mão-própria e nos delitos especiais (próprios), também haveria que se considerar como autores, pela mera causalidade de suas contribuições, aos intervenientes estranhos, ainda que eles não atuem pessoalmente ou não se encontrem qualificados como autores.[242] [243]

Utilizando-se o conceito unitário de autor com referência ao delito de lavagem de dinheiro, qualquer contribuição causal para este delito constituiria autoria, já que o importante é somente uma aportação causal para o fato. Ainda que fosse pequena ou quase insignificante a contribuição do sujeito no delito, este seria também autor do delito de lavagem de dinheiro. Ocorre que não tem aplicação a teoria unitária, pois o próprio Código Penal estabeleceu regras expressas nos §§ 1° e 2°, delimitando a intervenção criminal, quando mencionou a "participação de menor importância" ou "a cooperação dolosamente distinta". Assim, o legislador reconheceu a necessidade de distinguir, em alguns casos, entre autores e partícipes.[244]

Portanto, se a própria lei estabelece casos em que as contribuições, ainda que aportem uma contribuição causal, não possam ser vistas como autoria, não tem aplicação a teoria unitária no Brasil.

Com a evolução das teorias a respeito do conceito de autor, a doutrina brasileira majoritária adotou o conceito restritivo de autoria, é dizer, só é autor quem realiza por si mesmo a ação típica, enquanto qualquer outra forma de contribuição a causação do resultado não fundamenta a autoria. De acordo com o conceito restritivo de autor, as outras formas de participação, como a indução e a cumplicidade, significam uma ampliação da punibilidade situadas fora do tipo,[245] posto que de acordo com o tipo unicamente caberia castigar

---

[241] PIERANGELLI, *Escritos jurídicos penais*, p. 45; BATISTA, *Concurso de agentes*, p. 30.

[242] BATISTA, *Concurso de agentes*, p. 44 y ss.

[243] CALLEGARI, André Luís, *Imputação Objetiva*, p. 112 e ss.

[244] MIRABETE, *Manual de Direito Penal*, PG, p. 220.

[245] DE JESUS, *Direito Penal*, PG, p. 289.

a quem pessoalmente realiza a ação típica. A punibilidade dos outros intervenientes, os que ajudam o autor a realizar o fato ou o determinam a isso, deve-se à norma de ampliação prevista no artigo 29 do CP Brasileiro, que estabelece a expressão "quem de qualquer modo".

O conceito restritivo de autor conecta com a teoria objetiva da participação, que é defendida em duas variantes. A primeira, denominada teoria objetivo-formal, considera autor aquele que realiza a ação executiva ou a ação principal descrita no tipo penal.[246] Autor é aquele cujo comportamento entrou no círculo que o tipo pretende abarcar e, dessa forma, qualquer outra contribuição causal para o fato só pode ser participação.[247] Assim, só pode ser autor quem executa pessoalmente a ação descrita nos tipos da Parte Especial do Código ou de uma Lei Especial, todos os demais são partícipes.

Um setor da doutrina brasileira adotou o conceito formal-objetivo de autor, ainda que aceite a autoria mediata.[248] Quem adota o conceito formal-objetivo no Brasil aceita a autoria mediata, mas não pode explicá-la, já que o autor mediato não realiza pessoalmente a ação descrita no tipo penal. Ademais, para que ocorra a co-autoria é necessário que os co-autores também realizem uma parte do tipo, o que nem sempre ocorre. Nesses casos, somente haveria participação, se um dos intervenientes não realizasse ao menos uma parte da conduta descrita no tipo, não podendo ser co-autor.

A adoção do conceito formal-objetivo de autor pode trazer problemas com referência à lei brasileira de lavagem de dinheiro, pois deve-se esclarecer em que casos haverá autoria ou participação. Existem disposições expressas, como a contida no artigo 1º, § 2º, inciso II, que estabelece expressamente que "incorre na mesma pena quem participa de grupo, associação, ou escritório tendo conhecimento de que sua atividade principal ou secundária é dirigida à prática de crimes previstos nessa Lei". A Lei não estabeleceu a forma de participação e ao adotar-se o conceito formal-objetivo somente seriam autores os que realizassem, ao menos, uma parte do tipo. O problema é que não fica claro se a pessoa que participa do grupo é justamente o que dá as ordens, ou seja, quem detém o comando das

---

[246] BATISTA, *Concurso de agentes*, p. 45; MIRABETE, *Manual de Direito Penal, PG*, p. 221; PIERANGELLI, *Escritos jurídicos penais*, p. 48.

[247] JESCHECK, *Tratado de Derecho Penal*, p. 590; ROXIN, *Autoria y domínio del hecho em Derecho Penal*, p. 52.

[248] MIRABETE, *Direito Penal, PG*, p. 221; FRAGOSO, *Lições de Direito Penal, PG*, p. 264; DE JESUS, *Direito Penal, PG*, p. 354. Este autor mudou de idéia, passou a adotar a teoria do domínio do fato.

operações de lavagem, ainda que pessoalmente não realize a conduta típica. Nesses casos, a intervenção só pode ser a de participação, o que não parece correto quando se fala do delito de lavagem de dinheiro.

Outro setor da doutrina brasileira não está de acordo com a adoção do conceito formal-objetivo e, de acordo com a teorias desenvolvidas na Alemanha, adota o conceito do domínio do fato para conceituar a autoria.[249] Como em outros países, a doutrina não abandona, desde logo, o conceito restritivo de autor com sua vinculação à Parte Especial do Código Penal, pois este é o ponto de partida do conceito de autor. A troca do conceito de autor é no sentido de que a ação típica não pode ser entendida unicamente como uma atuação com determinada atitude pessoal, nem como mero sucesso do mundo exterior, senão como unidade de sentido objetivo. O fato deve aparecer como obra de uma vontade que dirige o ocorrido, mas também é determinante o peso objetivo da parte do fato assumida por cada interveniente. De acordo com isso, será autor quem, segundo a importância de sua contribuição objetiva, camparte o domínio do fato.[250]

Como a doutrina brasileira segue, em regra, os conceitos elaborados pela doutrina alemã a respeito do domínio do fato, considera autor aquele sujeito que possui o domínio final do fato em razão de sua decisão volitiva. O autor é aquele que tem em suas mãos o curso típico dos acontecimentos, ao qual se estende o dolo. De acordo com a teoria do domínio do fato, não só o sujeito que entre em contato com os bens objeto da lavagem é autor, como também será autor aquele que tem o curso causal do sucesso final em suas mãos. De toda sorte, não cabe entrar nas discussões com relação ao conceito de autoria, mas estabelecer um conceito como ponto de partida para analisar os delitos de lavagem de dinheiro estabelecidos na lei brasileira. Assim, o ponto de partida segue sendo o estabelecido nos tipos penais, mas deve-se utilizar o complemento da teoria do domínio do fato para estabelecer as distinções entre autores e partícipes, além da autoria mediata.

Para estabelecer a autoria no delito de lavagem de dinheiro previsto na lei brasileira é necessário analisar os preceitos estabelecidos

---

[249] BATISTA, *Concurso de agentes*, p. 150; PIERANGELLI, *Escritos jurídicos penais*, p. 53; SILVA FRANCO, *Código Penal e sua interpretação jurisprudencial*, p. 446; DE JESUS, *Teoria do Domínio do Fato no Concurso de Pessoas*, p. 18; REGIS PRADO, *Curso de Direito Penal brasileiro*, p. 317.

[250] JESCHECK, *Tratado de Derecho Penal*, p. 594.

no Código Penal e na Lei de Lavagem. Entretanto, também se utiliza para efeitos de autoria o preceito que tipifica a conduta de lavagem, pois o sujeito que realiza pessoalmente a ação típica contida no artigo 1º da Lei 9.613/98 será considerado autor. Mas, de acordo com o conceito de autor adotado, também será autor o sujeito que se vale de outra pessoa para realizar a ação típica de lavagem. Finalmente, será autor o sujeito que, de comum acordo com os outros, realiza conjuntamente o fato e também detém o domínio deste, ainda que não realize necessariamente a conduta descrita no verbo nuclear do tipo.

Assim, o autor direto do delito de lavagem, em princípio, é quem realiza as atividades descritas no artigo 1º da Lei 9.613/98, é dizer, aquele que oculta ou dissimula a natureza, origem, localização, disposição, movimento ou propriedade de bens, direitos ou valores, provenientes dos crimes anteriores previstos na Lei de Lavagem. Mas também pode ser autor direto do delito de lavagem aquele que realiza as atividades descritas no artigo 1º, § 1º, da Lei 9.613/98, ou seja, quem para ocultar ou dissimular a utilização de bens, direitos ou valores provenientes de qualquer dos crimes antecedentes previstos na Lei de lavagem, converte-os em ativos lícitos; adquire-os, recebe, troca, negocia, dá ou recebe em garantia, guarda, tem em depósito, movimenta ou transfere; importa ou exporta bens com valores não correspondentes aos verdadeiros. Finalmente, também serão autores diretos, de acordo com o artigo 1º, § 2º, da Lei de lavagem, quem utiliza, na atividade econômica ou financeira, bens, direitos ou valores que sabe serem provenientes de qualquer dos crimes antecedentes previstos na Lei em comento.

O artigo 1º, § 2º, estabelece a participação, é dizer, faz referência ao sujeito que participa de grupo, associação ou escritório tendo conhecimento de que sua atividade principal ou secundária é dirigida à prática de crimes previstos na Lei de Lavagem. Referido inciso pode dar a falsa impressão de que não abrange os casos de autoria mas, tão-somente, os de participação. Porém, serão autores diretos todos os que participam do grupo, associação ou escritório que se destina à lavagem de dinheiro, desde que tenham o domínio funcional do fato, ou seja, que possuam em conjunto as rédias da situação sob as suas mãos e que a falta de um deles impeça o êxito da operação de lavagem.[251]

---

[251] CALLEGARI, André Luís, *Imputação Objetiva*, p. 112 e ss.; CALLEGARI, André Luís. *Teoria Geral do Delito*. Porto Alegre: Livraria do Advogado Editora, 2005, p. 116 e ss.

11.2.2. Autoria mediata

Diferentemente do legislador espanhol, que estabeleceu o conceito de autoria mediata no artigo 28 do Código Penal espanhol, o legislador brasileiro não fez menção em nosso Código aos casos de autoria mediata. Assim, a doutrina e a jurisprudência admitem a autoria mediata com base em conceitos desenvolvidos pela doutrina estrangeira. Um setor da doutrina brasileira que adota o conceito formal-objetivo de autor aceita a autoria mediata, porém sem poder explicá-la, pois para esse setor, autor é aquele que realiza pessoalmente a infração penal ou, ao menos, parte dela.[252] No entanto, outro setor que adota a teoria do domínio do fato para conceituar a autoria, pode explicar melhor a autoria mediata:[253] é uma forma de autoria que também se caracteriza pelo domínio do fato. O autor mediato realiza o tipo penal utilizando-se de outra pessoa como "instrumento". O que caracteriza a autoria mediata é que todo sucesso deve aparecer como obra da vontade reitora do "homem de trás", que deve ter o controle absoluto sobre o executor do fato.[254]

Batista refere que o nosso Código Penal recolhe quatro casos de autoria mediata: o erro determinado por terceiro; a coação moral irresistível; a obediência hierárquica e o caso do instrumento impune em virtude de condição ou qualidade pessoal.[255]

No delito de lavagem de dinheiro previsto na Lei n° 9.613/98 pode-se verificar a ocorrência da autoria mediata em várias hipóteses. O importante é que aquele que atua pessoalmente não saiba que realiza uma das atividades ilícitas descritas na Lei de Lavagem de Dinheiro. Assim, se o sócio de um escritório que atua na bolsa de valores determina a seu empregado, que nada sabe, a realização de uma determinada transação de dinheiro de origem ilícita, haverá autoria mediata, pois o sócio do escritório realiza o tipo através de outro que lhe serve como instrumento. A lei brasileira menciona como crime de lavagem a participação em escritório destinado à prática dos crimes previstos na Lei n° 9.613/98. Mas, se um novo empregado desconhece a atividade principal do grupo e, obedecendo às ordens do chefe ou diretor, converte em ativos lícitos dinheiro de origem delitiva, não será autor nem partícipe. Se o chefe controla

---

[252] MIRABETE, *Manual de Direito Penal, PG*, p. 221.

[253] BATISTA, *Concurso de agentes*, p. 98.

[254] JESCHECK, *Tratado de Derecho Penal*, p. 604; No Brasil, BATISTA, *Concurso de agentes*, p. 98.

[255] BATISTA, *Concurso de agentes*, p. 103.

seu intermediário, todo sucesso da obra ilícita lhe pertence e será, então, o autor mediato do delito realizado. Nesse caso, o empregado atua atipicamente, pois desconhece a origem ilícita do dinheiro, portanto, atua sem dolo. O empregado só pode ser considerado como um "instrumento que atua sem dolo",[256] e o sócio, que determina dolosamente a ordem e obtém o resultado através do instrumento não-doloso, será o autor mediato. Ademais, o legislador brasileiro, prevendo os casos de autoria mediata, determina expressamente a agravação da pena aplicada ao autor mediato, conforme o artigo 62, inciso II, do Código Penal.

Definitivamente, o que caracteriza a autoria mediata é que o domínio do fato esteja nas mãos do "homem de trás", é dizer, o fato deve estar sob seu controle, o que demonstra o domínio do fato.

11.2.3. Co-autoria

Já vimos que a doutrina brasileira não é unânime ao conceituar quem é autor para efeitos do Direito Penal. Um setor segue utilizando a teoria formal-objetiva[257] e outro, a teoria do domínio do fato.[258]

Somos partidários do domínio do fato. Assim, a co-autoria também se baseia neste domínio, mas como em uma execução intervêm várias pessoas, o domínio do fato tem que ser comum a elas.[259] A idéia de divisão de trabalho encontra na co-autoria sua adequação máxima, pois é onde se percebe a fragmentação operacional de uma atividade em comum visando ao mais seguro e satisfatório desempenho de tal atividade.[260] O fundamento da co-autoria reside também no domínio final do fato, mas agora no domínio funcional do fato. Isso significa que é autor quem tem o domínio funcional do fato, pois se o cooperador não possui esse domínio, será partícipe. O domínio funcional do fato não se subordina à execução pessoal da conduta típica ou de uma parte desta, nem deve ser pesquisado como uma divisão aritmética de um domínio "integral" do fato, no qual cada co-autor teria uma fração. O importante é que cada co-

---

[256] JESCHECK, *Tratado de Derecho Penal*, p. 607; BATISTA, *Concurso de agentes*, p. 108.

[257] MIRABETE, *Manual de Direito Penal, PG*, p. 221; FRAGOSO, *Lições de Direito Penal, PG*, p. 264.

[258] Vide por todos, BATISTA, *Concurso de agentes*, p. 76 y ss.

[259] JESCHECK, *Tratado de Derecho Penal*, p. 614; BATISTA, *Concurso de agentes*, p. 76.

[260] BATISTA, *Concurso de agentes*, p. 76.

autor também tenha o domínio sobre o desenvolvimento do fato, conduzindo também o sucesso deste.[261]

A co-autoria, diferentemente do Código Penal de outros países, não vem estabelecida expressamente no Código Penal brasileiro, o que se observa através do artigo 29 de nosso diploma legal.

Portanto, através dos conceitos doutrinários utilizados é que se considera quem são os autores e quem são os partícipes na realização de um delito. Como já ficou consignado, utilizamos o conceito do domínio do fato para estabelecer a co-autoria, e o mesmo deve ser aplicado aos casos de lavagem de dinheiro.

Assim, aqueles que no marco de um plano global unitário acordam levar a cabo as condutas descritas na lei de lavagem, são co-autores e se lhes imputa a contribuição dos demais, de forma que cada co-autor é considerado responsável a título de autor pela totalidade do sucesso. Ainda que o Código Penal não acolha essa posição, um setor da doutrina a considera mais adequada.[262]

A descrição das modalidades típicas do artigo 1º da Lei 9.613/98 facilita em grande medida que os atos realizados por vários sujeitos fiquem subsumidos ao tipo e que se possa imputar-lhes o fato a título de co-autores. Uma leitura do preceito contido no artigo 1º da Lei de Lavagem permite que se considere como co-autores aqueles que intervêm em uma "atividade" para "ocultar ou dissimular a natureza dos bens", para "convertê-los em ativos lícitos", para "adquiri-los, recebê-los, cambiá-los, negociá-los, dá-los ou recebê-los em garantia, guardá-los, tê-los em depósito ou movê-los", para "importar ou exportar bens com os valores não correspondentes aos verdadeiros". O artigo 1º, § 2º, da Lei 9.613/98 permite que também se considere como co-autores aqueles que intervêm na atividade financeira "utilizando bens, direitos ou valores que saibam serem provenientes de qualquer dos crimes antecedentes referidos nesse artigo" ou aqueles que intervêm "participando de grupo, associação ou escritório tendo conhecimento de que sua atividade principal ou secundária é dirigida à prática dos crimes previstos na Lei de Lavagem".

Primeiramente, para que se possa considerar aos intervenientes como co-autores, esses devem realizar total ou parcialmente uma ação descrita no tipo: ocultar ou dissimular. Mas só como ponto de partida essa idéia deve ser aceita pois, se essa fosse a posição correta,

---

[261] BATISTA, *Concurso de agentes*, p. 77.

[262] PIERANGELLI, *Escritos jurídicos penais*, p. 55; BATISTA, *Concurso de agentes*, p. 76 y ss.

o sujeito que não realiza nenhuma das atividades descritas no tipo, mas intervém no negócio quando houve um comum acordo, não poderia ser considerado autor e isso seria assim, inclusive, quando sua ação fosse essencial ou indispensável à execução. Se adotamos essa posição, é dizer, a exigência pessoal do interveniente na execução do delito, ou ao menos em parte dessa, voltamos ao conceito restritivo de autor. Entretanto, em coerência com o conceito de autor assumido, o critério para delimitar a co-autoria é o de domínio do fato, pelo que cabe incluir como co-autores aqueles que não realizam uma parte do tipo, mas que aportam uma parte essencial da realização do plano durante a fase executiva, pois a eles também pertence o domínio do fato.

Um setor da doutrina brasileira também se referiu ao chefe do bando ou da organização criminosa no âmbito da teoria do domínio do fato e empregou o critério do domínio funcional do fato para a solução do problema.[263] O artigo 62, I, do Código Penal determina a agravação da pena do agente que promove a organização do crime ou dirige a atividade dos demais agentes. O organizador ou o que dirige o crime pode ser somente partícipe. Mas também poderá ser co-autor, ainda que não tenha uma participação pessoal na execução do delito. Sua autoria está fundamentada no domínio funcional do fato e subsiste enquanto tenha esse domínio.[264] Assim, o importante para que se possa considerar o chefe da organização como co-autor é que este também tenha o domínio do fato.

A aplicação dos critérios do domínio do fato e a inclusão do organizador ou chefe como co-autor nos casos de lavagem de dinheiro é importante, pois uma das características do delito de lavagem é a sua realização através de grandes organizações internacionais. Também no Brasil essa característica de organização do delito de lavagem coloca a questão da responsabilidade que corresponde àquele que, pertencendo a um grupo hierarquicamente organizado, procede à realização do delito de lavagem no marco de um plano delitivo.[265]

Assim, nos casos de lavagem de dinheiro realizadas por organizações criminosas e comandadas pelo chefe da organização, deve-se distinguir a intervenção deste. Um setor da doutrina brasileira, seguindo a estrangeira, com base no critério do domínio do fato,

---

[263] BATISTA, *Concurso de agentes*, p. 80; PIERANGELLI, *Escritos jurídicos penais*, p. 56 y 57; SILVA FRANCO, *Código Penal e sua interpretação jurisprudencial, PG*, p. 446.

[264] BATISTA, *Concurso de agentes*, p. 80.

[265] Cfr. BLANCO CORDERO, *El delito de blanqueo de capitales*, p. 517.

também considera co-autor o chefe da organização, ainda que esse não dirija ou não participe pessoalmente da execução do delito.[266] O que caracteriza a co-autoria, nesse caso, é o co-domínio funcional do fato, é dizer, ainda que o chefe não o execute pessoalmente deverá também ter o controle da situação sob suas mãos, ou seja, deve ser visto como uma peça fundamental para o êxito da empreitada criminosa. Outra parte da doutrina adota o conceito restritivo de autor e assim considera o chefe só como partícipe, pois não está presente na ação típica, isto é, não a realiza pessoalmente.[267] Consideram a intervenção do chefe como uma forma de participação e se agrava a sua pena de acordo com o artigo 62, inciso II, do Código Penal Brasileiro.[268]

De acordo com a posição que assumimos, nos casos de lavagem de dinheiro, o chefe da organização será co-autor ainda que se encontre ausente no momento da execução, desde que também tenha o domínio do fato, é dizer, o controle da execução também está sob suas mãos. A autoria do chefe ou organizador está fundada no domínio funcional do fato e subsiste sempre que ele também tenha esse domínio.

11.2.4. Participação

A participação consiste na livre e dolosa colaboração no delito de outro. Essa forma de colaboração no delito alheio pressupõe que o partícipe não tenha, de nenhuma forma, o domínio do fato[269] ou que não tenha realizado a ação típica. A participação é sempre acessória, isto é, depende do fato principal típico e antijurídico. Isso significa que na participação vigora o princípio da acessoriedade limitada. Assim, para que exista a punibilidade da participação é necessária a existência de um fato principal típico e antijurídico, não fazendo falta a culpabilidade.[270] Ademais, a nosso juízo, existe outro preceito no Código Penal Brasileiro que demonstra a adoção do princípio da acessoriedade limitada. O artigo 31 do CP estabelece que: "o ajuste, a determinação, ou instigação e o auxílio, salvo disposição expressa em contrário, não são puníveis, se o crime não chega, pelo menos, a

---

[266] SILVA FRANCO, *Código Penal e sua interpretação jurisprudencial*, PG, p. 446; BATISTA, *Concurso de agentes*, p. 80; p. LEAL, *Direito Penal Geral*, p. 421.

[267] FRAGOSO, *Lições de Direito Penal*, PG, p. 264; MIRABETE, *Manual de Direito Penal*, PG, p. 221.

[268] Idem, *PG*, p. 270.

[269] BATISTA, *Concurso de agentes*, p. 120 y 121.

[270] Idem, p. 127; DE JESUS, *Direito Penal*, PG, p. 361; LEAL, *Direito Penal Geral*, p. 422.

ser tentado". Dessa forma, o legislador estabeleceu as formas de participação, mas exige que o fato ao menos seja tentado, é dizer, se não ocorre, ao menos, o início de um fato principal típico e antijurídico não haverá participação.

O legislador brasileiro faz referência à participação nos §§ 1º e 2º do artigo 29 CP. De acordo com isso, o legislador previu que as hipóteses de participação, em alguns casos, são menos graves e, portanto, têm uma atenuação da pena. O artigo 29, §§ 1º e 2º, CP somente referem-se aos casos de participação, pois o tipo menciona a "participação de menor importância" e se o sujeito quis "participar de crime menos grave". A nosso juízo, se o autor tem o domínio do fato, não pode ter participação de menor importância, pois será considerado autor (teoria do domínio do fato). Se executa pessoalmente a ação descrita no tipo, tampouco poderá ter participação de menor importância, pois realiza uma parte da execução (teoria restritiva da autoria). Assim, ainda que o legislador não tenha estabelecido a diferença entre autoria e participação, os casos previstos nos parágrafos mencionados são tipicamente de participação.

11.2.5. Formas de participação. Instigação e cumplicidade

O legislador brasileiro não fez referência no Código Penal às formas de participação. A doutrina habitualmente utiliza como ponto de referência as espécies previstas no artigo 31 CP (ajuste, determinação ou instigação e o auxílio). Assim, a doutrina recolhe do artigo 31 CP os tipos de participação, ainda que majoritariamente só se faça menção à instigação e à cumplicidade.[271]

11.2.6. A instigação

Diferentemente da lei espanhola que adota o termo indução, o legislador e a doutrina brasileira adotam o termo instigação. Segundo a doutrina, a instigação é a dolosa colaboração de ordem espiritual objetivando a comissão do crime doloso. Abarca também a determinação, que significa a conduta daquele que faz surgir na mente do autor direto a resolução de cometer o crime.[272] Assim, o instigador é o que faz surgir na outra pessoa a resolução de executar

---

[271] BATISTA, *Concurso de agentes*, p. 120; PIERANGELLI, *Escritos jurídicos penais*, p. 63 y ss.; DELMANTO, *Código Penal Comentado*, p. 54.

[272] Idem, p. 139 y 140.

dolosamente uma conduta típica e antijurídica.[273] Nesse sentido, o que caracteriza a instigação, que a doutrina estrangeira denomina indução, é a provocação do autor à resolução de realizar o fato, sem ter participação alguma no próprio domínio desse.[274]

O tema da instigação tem relevância nos casos de lavagem de dinheiro, pois esse delito normalmente está relacionado com organizações criminosas que empregam meios diversificados para obter aparência de legalidade aos ganhos que provêm dos comportamentos delitivos.

Nos casos de organização criminosa – ou como faz referência a lei brasileira, grupos, associações ou escritórios – tem cabimento delimitar as formas de participação. Deve-se esclarecer qual é a participação dos chefes no delito de lavagem e dos integrantes do grupo ou escritório que recebem as ordens daqueles. De acordo com a posição que assumimos, nos casos em que os chefes também tenham domínio do fato não haverá problema, pois serão considerados co-autores. Porém, há casos em que o chefe só ordena aos seus empregados, não têm o domínio do fato, o que caracterizará a figura da instigação. Nesses casos o empregado deve ter conhecimento de que atua com a finalidade de lavar dinheiro, pois, do contrário, estaríamos ante um caso de autoria mediata.

O Código Penal Brasileiro, diferentemente do Código Penal Espanhol, não equipara a figura do instigador a do autor. Desta maneira, nos casos em que o chefe, sem ter o domínio do fato, instiga ao seu empregado a ocultar, mediante o uso de suas empresas, certas quantidades de dinheiro que procedem de um delito grave, somente poderá ser partícipe. O legislador brasileiro estabeleceu um aumento de pena para esses casos no artigo 62, inciso III, CP. De acordo com essa disposição, o instigador não será considerado autor, mas receberá uma pena agravada se o executor está sujeito a sua autoridade, o que poderá ser aplicado aos casos de organizações, grupos, associações ou escritórios destinados à lavagem de dinheiro e que obedecem às ordens hierárquicas do chefe.

11.2.7. A cumplicidade

O legislador brasileiro não acolhe o termo cumplicidade no Código Penal, mas a doutrina majoritária o utiliza como sinônimo de auxílio. De acordo com isso, cumplicidade é a dolosa colaboração

---

[273] PIERANGELLI, *Escritos jurídicos penais*, p. 63.
[274] JESCHECK, *Tratado de Derecho Penal*, p. 625 y 626.

de ordem material que objetiva a comissão de um crime doloso.[275] O cúmplice tampouco tem o domínio do fato, e sua colaboração está dirigida à realização deste.[276] Mas o importante para diferenciar a cumplicidade é que essa se trata de auxílio material à execução do delito, enquanto qualquer contribuição de natureza psíquica deve ser considerada como instigação.[277]

O legislador brasileiro não contemplou a figura da cumplicidade necessária no Código Penal. Um setor da doutrina, utilizando as distinções da doutrina estrangeira, assinala que há cumplicidade necessária nas hipóteses em que a cooperação do cúmplice é decisiva para a execução do plano concreto do autor.[278] Entretanto, não há uma previsão expressa que estabeleça a cooperação necessária em nosso ordenamento jurídico. Assim, a cumplicidade ou auxílio material ocorre sempre na ajuda prestada pelo partícipe, antes ou durante a execução, sem que esse tenha também o domínio do fato. A contribuição material prestada após a execução pode tipificar outro delito.

Nos casos de lavagem de dinheiro, poderá existir cumplicidade se, por exemplo, o partícipe planeja a execução do delito e entrega a senha necessária para que o autor faça a conversão dos bens objeto do delito em ativos lícitos. Se a participação é só de natureza psíquica, ou seja, sem a entrega de nenhum material, ocorrerá a instigação.

11.2.8. A participação de menor importância

A legislação penal brasileira estabeleceu a participação de menor importância no artigo 29, § 1º, CP. Porém, a doutrina não esclareceu suficientemente o alcance do preceito, pois, normalmente, menciona que a participação de menor importância é aquela cuja contribuição moral ou material foi pequena, e caberá ao juiz, de acordo com a prova, verificar se realmente a participação foi ou não de menor importância.[279] Outro setor da doutrina assinala que a participação de menor importância é a cumplicidade simples ou secundária, perfeitamente dispensável e, que se não foi prestada, não

---

[275] BATISTA, *Concurso de agentes*, p. 143.

[276] PIERANGELLI, *Escritos jurídicos penais*, p. 68.

[277] BATISTA, *Concurso de agentes*, p. 143; DE JESUS, *Direito Penal, PG*, p. 373.

[278] PIERANGELLI, *Escritos jurídicos penais*, p. 69.

[279] DELMANTO, *Código Penal Comentado*, p. 56; SILVA FRANCO, *Código Penal e sua interpretação jurisprudencial*, p. 469.

impediria a realização do crime,[280] ou a contribuição insignificante ou mínima para a realização do fato punível.[281]

11.2.9. A amplitude do conceito de participação da lei de lavagem

Após a verificação das formas de intervenção delitiva e os preceitos que as regulam no Código Penal, mister que se analise especificamente a participação delititiva e a punibilidade dos sujeitos que concorrem para o delito de lavagem de dinheiro.

Também nesse sentido o legislador brasileiro criou um dispositivo próprio para incriminar as pessoas que se vinculam de algum modo ao delito de lavagem de capitais, porém, ampliou demasiadamente a tipicidade das condutas previstas no tipo, desrespeitando, além disso, os princípios que norteiam o concurso de pessoas.

O § 2º do art. 1º da Lei 9.613/98 refere que incorre na mesma pena do delito previsto no *caput* do art. 1º quem:

II – participa de grupo, associação ou escritório tendo conhecimento de que sua atividade principal ou secundária é dirigida à prática de crimes previstos nesta Lei.

Note-se que a norma que incrima a conduta leva em consideração tão-somente o conhecimento do sujeito, não fazendo referência a qualquer outro requisito para sua incriminação como participante do delito de lavagem. O preceito é tão ou mais abrangente do que o próprio art. 29 do Código Penal, embora em relação a este a doutrina tenha fixado alguns requisitos que são necessários para configuração do concurso de pessoas[282].

Na interpretação desse dispositivo que regula a participação criminal, acreditamos que os mesmos requisitos tradicionais do concurso de pessoas deverão ser observados, isto significa ao menos que o partícipe, para que assim seja considerado, deva, além de ter o conhecimento de que participa do grupo, associação ou escritório destinado à lavagem, ter contribuindo causalmente para o resultado e possua vículo subjetivo com os demais lavadores.

Dito de outro modo, não basta, como quer o legislador, que ocorra a participação, por exemplo, num escritório destinado à lava-

---

[280] PIERANGELLI, *Escritos jurídicos penais*, p. 83.

[281] FRAGOSO, *Lições de Direito Penal, PG*, p. 270.

[282] CALLEGARI, André Luís. *Teoria Geral do Delito*. Porto Alegre: Livraria do Advogado Editora, 2006, p. 135 e ss.

gem de capitais tendo conhecimento que a atividade deste é a ocultação de valores proveniente de delitos previstos na lei de lavagem. Além disso é necessário que o sujeito tenha o vínculo psicológico e contribua causalmente para a produção do resultado[283].

Para que se empreste validade ao dispositivo que regula a participação criminal no delito de lavagem de dinheiro a leitura só pode ser esta, porque, ao contrário, estaríamos punindo qualquer funcionário que tivesse conhecimento do que se passa dentro grupo, associação ou escritório e nada fizesse para impedir o resultado, ou, ainda não denunciasse referidas pessoas. Além disso, basta que se utilize o raciocínio existente para os demais delitos, ou seja, se um sujeito comum assiste inerte a comissão de um delito e nada faz a sua omissão não o transforma em partícipe ou co-autor deste delito a não ser que fosse garantidor, porém, neste caso a regra de imputação seria outra.

Diante da amplitude do tipo penal em comento, a interpretação deve ser restritiva, observando-se os critérios tradicionais reservados ao concurso de pessoas, no sentido de que se evite o cometimento de injustiças ao incluir-se no rol de participante do delito de lavagem meros funcionários sem qualquer ligação subjetiva com os verdadeiros lavadores de capitais do grupo, associação ou escritório que se destina ao cometimento deste crime.

11.3. Condutas típicas

11.3.1. O artigo 1º da Lei de Lavagem

No Brasil, o delito de lavagem de dinheiro não se encontra tipificado no Código Penal, pois o Código é do ano de 1940, e a parte especial não sofreu nenhuma alteração substancial. Assim, quase todos os delitos econômicos, ou que de alguma maneira protejam interesses econômicos, foram introduzidos por leis especiais, não estando na Parte Especial do Código.

O legislador brasileiro, no artigo 1º, menciona os verbos que podem tipificar o delito de lavagem de dinheiro, mas também se refere aos crimes antecedentes que podem gerar bens idôneos a serem

---

[283] CALLEGARI, André Luís, *Teoria Geral do Delito*, p. 135/136; Para aprofundar, CALLEGARI, André Luís. *Lavagem de Dinheiro*. São Paulo: Manole, 2004, p. 101 e ss.

lavados. Utilizou uma tipificação distinta de outros países, como, por exemplo, na Espanha, em que o legislador menciona no tipo penal que a aquisição, conversão ou a transmissão tenham sua origem num delito grave, não fazendo menção, expressamente, aos crimes antecedentes. Como no Brasil não há menção de que o fenômeno de lavagem tenha origem num delito grave, só os delitos enumerados no artigo 1º podem dar origem àquele, o que indica que não é suficiente a gravidade do crime, respeitando-se, assim, o princípio da legalidade e da taxatividade. Inicialmente, os verbos contidos no tipo penal da lei brasileira assemelham-se ao tipo penal do artigo 301.1 do Código Penal Espanhol. Mas a diferença está nos delitos enumerados pelo legislador.

11.3.2. A "ocultação" da natureza dos bens

O artigo 1º da Lei nº 9.613 menciona dois verbos fundamentais: "ocultar" e "dissimular" a natureza ,origem, localização, movimento ou propriedade dos bens, direitos e valores provenientes dos crimes antecedentes enumerados na lei. No sentido gramatical, o termo "ocultar" significa "não deixar ver", "encobrir", "esconder", ou, também "esconder fraudulentamente".[284] O sentido da ocultação exposta no tipo pelo legislador brasileiro não é muito distinto do sentido gramatical, já que a previsão como delito busca justamente evitar o ocultamento dos bens que tenham origem nos crimes antecedentes descritos pelo legislador. A doutrina assinala que ocultar é o fato de esconder, tornar algo inacessível a outras pessoas,[285] o que não muda muito o sentido gramatical. A ocultação, a nosso juízo, não difere da prevista no tipo penal do artigo 301.1 do Código Penal Espanhol, porque a intenção do legislador é a mesma. Por conseguinte, o que se busca com o verbo é evitar a ocultação da origem, localização, disposição, movimento ou propriedade dos bens, direitos ou valores que provêm dos crimes precedentes previstos pelo legislador.

11.3.3. A "dissimulação" da natureza dos bens

O outro verbo estabelecido no tipo penal é o de dissimular a natureza, origem, localização, movimento ou propriedade dos bens, direitos ou valores provenientes dos delitos prévios previstos na

---

[284] *Novo Dicionário da Língua Portuguesa*, 1975, p. 999.

[285] TIGRE MAIA, *Lavagem de dinheiro*, p. 66.

Lei de Lavagem. Em sentido gramatical, o termo "dissimular" difere do sentido do verbo "ocultar", pois exige um *plus* com relação à ocultação. O termo "dissimular" significa "ocultar ou encobrir com astúcia", "disfarçar", "fingir", "simular".[286] Assim, a ocultação seria o simples encobrimento, e a dissimulação seria a ocultação adjetivada, ou seja, sempre mediante o emprego do engano, do disfarce, da utilização de uma técnica que permite esconder com astúcia os bens provenientes dos delitos prévios dispostos na Lei de Lavagem. Na realidade, o delito não muda pelos verbos empregados, pois tanto a ocultação como a dissimulação são apenadas da mesma forma e não há agravamento da pena pela dissimulação, ainda que esta pareça mais grave pela sua forma de realização.

Há autores[287] que sustentam que a dissimulação seria uma segunda fase do delito de lavagem, ou seja, a de garantir a ocultação, já que o autor dissimularia o que ocultou. Não estamos de acordo com essa posição, pois o legislador empregou a conjunção "ou" entre a ocultação e a dissimulação. Assim, a dissimulação pode ocorrer isoladamente, sem necessidade de que antes o autor do delito tenha ocultado os bens. Como a dissimulação também é uma forma de ocultação, não é necessário o procedimento prévio de ocultar, pois o autor pode diretamente dissimular os bens provenientes dos delitos descritos na Lei de Lavagem.

O importante é que tanto na ocultação como na dissimulação só estaremos diante de um delito de lavagem se os crimes antecedentes forem previstos pelo legislador. Se ocorre a ocultação de um bem proveniente de um delito grave que não esteja previsto na lei de lavagem, estaremos na presença de outro delito, mas não o de lavagem, já que a enumeração dos delitos que podem dar origem ao delito de lavagem é taxativa, não permitindo outra interpretação. Isso porque nos incisos I a VII do artigo 1º da Lei 9.613/98 estão enumerados os delitos antecedentes que podem desencadear a conduta de lavagem, é dizer, só a comissão daqueles delitos pode gerar bens idôneos a serem lavados. O legislador considera que somente esses delitos são os mais graves e que são os que podem gerar grandes quantidades de dinheiro ilícito.

O Brasil segue a tendência de outros países, pois a Lei de Lavagem passou a considerar como delito a conduta de dar licitude ao

---

[286] *Novo Dicionário da Língua Portuguesa*, p. 485; nesse sentido, TIGRE MAIA, *Lavagem de dinheiro*, p. 66.

[287] TERRA DE OLIVEIRA, *Lei de Lavagem de Capitais*, p. 329.

dinheiro, bens e valores que estejam relacionados com determinados crimes anteriores. Mas diferentemente de outras legislações,[288] o legislador brasileiro enumerou os delitos precedentes que limitam a incidência da lei de lavagem. A técnica utilizada pelo legislador foi a de descrever os crimes antecedentes em uma enumeração taxativa, o que constitui, por um lado, uma garantia, mas por outro deixa outros delitos graves fora da enumeração e, ainda que fossem precedentes e originassem bens aptos a serem lavados, não seriam abrangidos pela Lei de Lavagem.

O tipo penal do artigo 1º regula a possibilidade de que os bens que serão lavados provenham diretamente ou indiretamente dos delitos prévios, já que o legislador utilizou a conjunção "ou" entre os verbos. Geralmente, os bens que serão lavados provêm diretamente da comissão dos delitos antecedentes relacionados pelo legislador, já que a lavagem será encaminhada a ocultar a origem ilícita dos bens obtidos com a comissão do delito prévio. Não há referência clara na doutrina como se produzirá a ocultação ou dissimulação dos bens que provenham indiretamente do delito antecedente. Nesse caso, nem sempre haverá um delito de lavagem, pois aquele que oculta ou dissimula a origem tem que ter consciência da origem do bem.[289]

O artigo 1º, § 1º, incisos I, II e III enumera os comportamentos destinados a legitimar os valores oriundos dos delitos prévios elencados no artigo 1º. O § 1º estabelece: "Incorre na mesma pena quem, para ocultar ou dissimular a utilização de bens, direitos ou valores provenientes de qualquer dos crimes antecedentes referidos nesse artigo: I – os converte em ativos lícitos; II – os adquire, recebe, troca, negocia, dá ou recebe em garantia, guarda, tem em depósito, movimenta ou transfere; III – importa ou exporta bens com valores não correspondentes aos verdadeiros".

11.3.4. A "conversão" dos ativos ilícitos

O inciso I estabelece como delito a conversão[290] dos ativos ilícitos em lícitos. Essa pode ser considerada a operação mais freqüente

---

[288] Na Espanha não há menção dos delitos prévios, pois o legislador estabelece que a lavagem está relacionada com delitos antecedentes considerados graves.

[289] No sentido do conhecimento dos elementos normativos do tipo, TIGRE MAIA, *Lavagem de dinheiro*, p. 86.

[290] TIGRE MAIA, *Lavagem de dinheiro*, p. 95, assinala que o termo conversão significa a transformação, modificação, alteração, mudança, passagem dos ativos lícitos (quaisquer bens, direitos ou valores oriundos dos crimes antecedentes à lavagem), em ativos lícitos.

nesse tipo de crime.[291] A utilização de grandes quantidades de dinheiro no sistema financeiro sem um controle eficiente sempre foi o método empregado para a transformação do dinheiro sujo em limpo. Mas nem toda conversão em ativos lícitos tipificará a conduta do crime previsto no artigo 1°, § 1°, inciso I, da Lei de Lavagem. Não existirá o crime previsto no inciso I com a simples utilização dos bens, direitos ou valores provenientes dos crimes antecedentes, pois o tipo exige que o agente tenha a consciência da origem ilegal e que a conversão em ativos lícitos seja com o objetivo de ocultar ou dissimular a utilização do produto do crime precedente.

11.3.5. Outras condutas típicas

O inciso II pode dar a impressão de que em alguns casos ocorre o delito de favorecimento real[292] ou de receptação,[293] previstos no Código Penal brasileiro. O favorecimento e a receptação não estão previstos como delitos prévios ao de lavagem. Assim, aquele que adquire ou recebe os bens que sabe que são produtos de crime não comete o delito de lavagem. Mas aquele que recebe bens, direito ou valores que sejam produtos dos crimes precedentes previstos na Lei de Lavagem, é dizer, aquele que os adquire, recebe troca, negocia, dá ou recebe em garantia, guarda ou tem em depósito, move ou transfere com o *objetivo de ocultar ou dissimular* sua utilização, comete o delito de "receptação específica", previsto na Lei de Lavagem (art. 1°, § 1°, II).

Dessa forma, existe na Lei de Lavagem uma "receptação específica" relacionada com o produto dos bens, direitos ou valores oriundos de um dos crimes precedentes. Ademais, essa receptação deve ter por finalidade encobrir ou dissimular a utilização do patrimônio ilícito resultante de um dos crimes anteriores previstos na Lei de Lavagem.

O inciso III estabelece que incide nas mesmas penas quem importa ou exporta bens com valores que não correspondem aos verdadeiros. Para configuração dessa figura típica é necessária não só a importação ou exportação dos bens com valores não correspon-

---

[291] BARROS, *Lavagem de dinheiro*, p. 39.

[292] Art. 349, CP – Prestar ao criminoso, fora dos casos de co-autoria ou de receptação, auxílio destinado a tornar seguro o proveito do crime.

[293] Art. 180, CP – Adquirir, receber, transportar, conduzir ou ocultar, em proveito próprio ou alheio, coisa que sabe ser produto de crime, ou influir para que terceiro, de boa-fé, a adquira, receba ou oculte.

dentes aos verdadeiros, mas também exige-se que a operação seja realizada com objetivo de ocultar ou dissimular a utilização de bens, direitos ou valores provenientes dos crimes antecedentes. Com a importação ou exportação, o agente quer encobrir o patrimônio ilícito para depois utilizá-lo no mercado econômico e financeiro com aparência de licitude.

A doutrina assinala que essa é uma das condutas mais freqüentes para remessa de ativos ilícitos para o estrangeiro, pois o importador aceita pagar um valor superestimado pelas mercadorias adquiridas e recebe, no estrangeiro, do exportador – quase sempre de uma empresa fantasma –, a diferença entre o valor nominal dos bens importados e seu efetivo valor de mercado. O lavador também pode usar este método para introduzir no país os produtos do crime. Assim, por exemplo, o exportador brasileiro, para ingressar valores ilegais que mantém no estrangeiro, "recebe" pelas suas mercadorias vendidas às "empresas estrangeiras" valores superiores aos preços de mercado.[294]

Nessas condutas (números I, II, e III), a incriminação é sempre independente das infrações precedentes, pois o agente não necessita ter participado dos crimes anteriores, uma vez que existe responsabilidade penal autônoma para quem lava bens próprios ou alheios. Há um novo crime independente dos anteriores. Ademais, trata-se de um tipo doloso. O elemento subjetivo consiste na vontade livre e consciente de realizar uma série de operações de ocultação ou dissimulação que possibilitem a legitimação de capitais ilícitos em proveito próprio ou de terceiros. É indispensável que o sujeito tenha a consciência da ilicitude dessas operações e saiba que o dinheiro, os bens ou valores têm origem em uma atividade criminosa precedente, relacionada especificamente com os delitos previstos nos incisos I a VII do artigo 1º da Lei de Lavagem. Portanto, não existe a comissão imprudente desses delitos.

Finalmente, o artigo1º, § 2º, estabelece que incorre nas mesmas penas quem "I – utiliza, na atividade econômica ou financeira, bens, direitos ou valores que sabe serem provenientes de qualquer dos crimes antecedentes referidos nesse artigo; II – participa de grupo, associação ou escritório tendo conhecimento de que sua atividade principal ou secundária é dirigida à prática de um crime previsto nesta Lei".

---

[294] TIGRE MAIA, *Lavagem de dinheiro*, p. 98 e 99.

O legislador estabelece que incorre na mesma pena do *caput* quem utiliza, na atividade econômica ou financeira, bens, direitos ou valores que sabe que são provenientes de qualquer dos crimes antecedentes referidos nos incisos I a VII do artigo 1°. De acordo com a doutrina, a utilização é o aproveitamento, a aplicação ou emprego dos produtos (bens, direitos ou valores) resultantes dos delitos prévios previstos na Lei de Lavagem e pode ocorrer na esfera de produção, distribuição e circulação de bens (atividade econômica) ou no âmbito da captação, mediação ou aplicação de valores (atividade financeira), não previstas em outras modalidades típicas.[295]

O legislador utilizou a expressão "que sabe que são valores provenientes de qualquer dos outros crimes antecedentes", pelo que se considera obrigatório o dolo do agente para que se configure o delito, quer dizer, deve ficar provado que o agente tem conhecimento sobre a origem ilícita dos bens, direitos ou valores e, conscientemente, introduziu-os no sistema econômico para dar-lhes aparência de licitude.[296] Portanto, fica excluída a possibilidade da realização culposa do delito, já que sempre o autor terá que saber que utiliza valores provenientes dos delitos anteriores.

O inciso II do § 2°, é uma forma de ampliação da participação no delito de lavagem, já que estabelece a mesma pena do artigo 1° para quem conscientemente participa de um grupo, associação ou escritório dedicado à lavagem de dinheiro.

Segundo a exposição de motivos da Lei de Lavagem de Dinheiro, "a razão deste preceito é que o delito de lavagem abrange pessoas físicas e jurídicas de múltiplas camadas, a punição da lavagem de dinheiro deve alcançar modalidades especiais de colaboração delituosa. Trata-se, no caso, de uma forma especial de concorrência que permitirá a imputação típica mesmo que o sujeito ativo não esteja praticando os atos característicos da lavagem ou de ocultação descritos pelo *caput* do artigo 1° e do respectivo § 1°. Nos termos do presente desenho da Lei, responde com as mesmas penas reservadas a conduta de lavar dinheiro ou de ocultar bens, direitos e valores quem participa consciente e dolosamente do grupo, associação ou escritório de pessoas que se dedicam às condutas puníveis na Lei".[297]

---

[295] TIGRE MAIA, *Lavagem de dinheiro*, p. 100.

[296] Nesse sentido, TIGRE MAIA, *Lavagem de dinheiro*, p. 100.

[297] Exposição de motivos da Lei 9.613/98, incisos 42 e 45.

A nosso juízo, o preceito não é necessário, pois o Código Penal, em sua Parte Geral, já prevê a participação quando trata do tema do concurso de pessoas. Assim, os motivos contidos na exposição de motivos da Lei de Lavagem já eram abrangidos pela norma de extensão prevista na Parte Geral do Código que estabelece a punibilidade do partícipe em qualquer delito, não fazendo falta um preceito específico.

Um setor da doutrina assinala que o tipo amplia a autoria, pois abrange conduta que seriam acessórias ou concorrentes no exemplo de que algumas pessoas aderissem conscientemente aos planos de um grupo que já tem como atividade principal a lavagem de dinheiro.[298] Não há uma ampliação da autoria no exemplo citado, pois de acordo com os critérios doutrinários o que sinalizará a autoria ou não é a intervenção de um dos participantes mantendo o domínio do fato. Caso contrário, a intervenção somente será de participação. De todas as formas, a Lei não faz distinção entre autoria e participação, o que permite a aplicação da mesma pena ao partícipe que somente tem uma conduta acessória. Como já mencionamos, não nos parece correta essa interpretação, pois o Código Penal, quando trata da autoria e participação, faz referência que cada participante será punível na medida de sua culpabilidade.[299] Ademais, o juiz pode diminuir a pena nos casos de participação de menor importância.[300] Assim, se o partícipe tem uma contribuição meramente acessória, não tendo, por exemplo, o domínio do fato, não poderá ser considerado autor nem poderá ser responsabilizado com a mesma pena dos autores principais. Ao menos, esta é a regra do Código Penal, que nos parece aplicável nos casos de participação previstos neste inciso.

A doutrina afirma[301] que para que se tipifique o tipo deste delito é necessária a existência de alguns requisitos como: a) a demonstração de que o grupo realmente existe, seja como uma reunião de pessoas, um escritório, uma associação ou simplesmente uma pessoa jurídica; b) que haja uma mínima estabilidade na associação, ou seja, a verificação de que o grupo de pessoas esteja reunido de maneira estável e não eventual e que as atividades estejam programadas para

---

[298] TERRA DE OLIVEIRA, *Lei de Lavagem de Capitais*, p. 337.

[299] Art. 29, CP – Quem, de qualquer modo, concorre para o crime incide nas penas a este cominadas, na medida de sua culpabilidade.

[300] O parágrafo primeiro estabelece: "Se a participação for de menor importância, a pena pode ser diminuída de um sexto a um terço".

[301] TERRA DE OLIVEIRA, *Lei de Lavagem de Capitais*, p. 337/338.

cometer um número indeterminado de delitos, e não para a prática de uma simples operação ilícita; c) que existam finalidades concretas que se relacionem com os crimes descritos na Lei, ou seja, é preciso ficar esclarecido um desejo comum dirigido à atividade da lavagem de dinheiro, ainda que esta atividade não seja exclusiva ou principal do grupo; d) por fim, a conduta individual deve ser penalmente relevante, ou seja, é importante descobrir se houve adesão aos planos coletivos e que esta participação por si mesma merece reprovação penal. Assim, se a conduta do agente não influenciou sobre os destinos ou manutenção do grupo ou não prestou nenhuma contribuição para a atividade de lavagem, não existirá responsabilidade penal.

Outra questão importante é que novamente o legislador faz referência ao conhecimento específico para a configuração do tipo, já que utiliza a expressão "tendo conhecimento de que sua atividade principal ou secundária é dirigida à prática dos crimes previstos nessa Lei". Por conseguinte, no caso do sujeito que trabalha num escritório por si só não configura o delito previsto no § 2º, inciso II, já que é necessário o conhecimento da atividade ilícita realizada pelo grupo. Logo, não nos parece possível a comissão culposa, já que é necessário " o conhecimento da atividade principal", isto é, o dolo deve ser dirigido à participação de um grupo ou escritório com a finalidade de lavar dinheiro.

11.4. O objeto material do delito de lavagem no Brasil

11.4.1. Exposição inicial

A doutrina brasileira não faz distinção da doutrina espanhola ao conceituar o objeto material do delito. Assim o objeto material é a pessoa ou coisa sobre a qual recai a conduta criminosa.[302] Alguns delitos não têm objeto material, pois dependem da estrutura do tipo, isto é, se este requer ou não. A doutrina brasileira não deu um tratamento especial a respeito do objeto material da lavagem de dinheiro. Como a Lei é do ano de 1998, não há, desta maneira, muitas manifestações doutrinárias sobre o tema.

---

[302] LEAL, *Direito Penal Geral*, p. 171; ASSIS TOLEDO, *Princípios básicos de Direito Penal*, p. 20; MIRABETE, *Manual de Direito Penal, PG*, p. 121; DE JESUS, *Direito Penal, PG*, p. 159.

Para a doutrina que tratou do tema, o objeto material no delito de lavagem de dinheiro previsto na Lei brasileira são os bens, direitos e valores que sejam produtos dos crimes antecedentes previstos na Lei.[303] Seguindo a mesma interpretação da doutrina espanhola, fica claro que o objeto de proteção não são os bens, direitos ou valores em si, senão a circulação destes no mercado como um elemento essencial para seu bom funcionamento e o da economia em geral que pode ser perturbada enquanto outros bens que tenham origem delitiva se incorporem a essa circulação. Mas, diferentemente do legislador espanhol, o legislador brasileiro se referiu expressamente a todos os bens que sejam objeto material de outros delitos, e assim circunscrevem o objeto material a um número taxativo de delitos prévios.

O legislador brasileiro fez menção expressa a estes objetos materiais na redação do artigo 1º da Lei 9.613/98 que estabelece: "ocultar ou dissimular a natureza, origem, localização, disposição, movimentação ou propriedade de bens, direitos ou valores provenientes, direta ou indiretamente, de crime".

11.4.2. Os "bens" como objeto da ação

O artigo primeiro da Lei 9.613/98 se refere aos "bens" como objeto da ação. No Código Penal brasileiro são poucos os tipos delitivos em que os "bens" constituem o objeto da ação e, igualmente o que ocorre na Espanha acaba por determinar uma análise restrita do significado jurídico-penal deste termo.

Assim, devemos recorrer ao Direito Civil para interpretar o conceito de bens para efeitos de lavagem de dinheiro. A doutrina normalmente conceitua os bens como "todas as coisas corpóreas ou incorpóreas propriamente ditas, suscetíveis de apreciação pecuniária e que compreendem tanto os móveis como os imóveis, os materiais como os imateriais, direitos ou valores, assim como os créditos".[304] Em princípio, seria esta interpretação que se deve dar ao termo "bens" no âmbito do delito de lavagem de dinheiro, fundamentalmente na ordem de alcançar a pretendida unidade do ordenamento jurídico, nesse caso, do penal. A intenção do legislador está dirigida

---

[303] BARROS, *Lavagem de dinheiro*, p. 46; TERRA DE OLIVEIRA, *Lei de Lavagem de Capitais*, p. 325; TIGRE MAIA, *Lavagem de dinheiro*, p. 60.

[304] GOMES, *Introdução ao Direito Civil*, p. 174; RODRIGUEZ, *Direito Civil, PG*, p. 100; NÁUFEL, *Novo Dicionário Jurídico Brasileiro*, p. 198.

no sentido de enfatizar o que o tipo pretende abranger, de modo que todo e qualquer produto, direta ou indiretamente resultante de atividade ilícita prevista e assimilável às noções de bens, direitos ou valores, pode caracterizar a prática da infração penal, inclusive os direitos das sociedades, os direitos de créditos, os valores imobiliários etc. Essa interpretação não é contraditória como o princípio da reserva legal, pois está de acordo com os elementos normativos do tipo, é dizer, que se traduzem pelos direitos.[305]

Ainda que a doutrina brasileira não tenha se manifestado a respeito do tema, a doutrina majoritária[306] na Espanha considera que a vantagem de assumir um conceito amplo de bens é que permite abranger a punição de todas as condutas que recaiam sobre qualquer modalidade que possam revestir os benefícios, ganhos, produtos, etc., que tenha sua origem na comissão de um dos delitos enumerados na Lei de Lavagem.

Ainda que não com as mesmas características do tipo penal de lavagem na Espanha, o tipo penal brasileiro, depois de referir-se à ocultação ou dissimulação de "bens", faz menção expressa à ocultação ou disimulação de "direitos". O próprio artigo primeiro da Lei 9.613/98 estabelece que constitui o delito de lavagem a ocultação ou dissimulação da natureza, origem, localização, disposição, movimento ou propriedade de "direitos" provenientes, direta ou indiretamente, de um dos crimes descritos na Lei de Lavagem.

Tampouco há menção desse termo pela doutrina brasileira quando se refere ao delito de lavagem de dinheiro, fazendo com que tenhamos que recorrer a outras fontes para buscar seu significado. Os direitos referidos pelo legislador devem ser provenientes dos crimes previstos na Lei de Lavagem. Dessa forma, só podemos imaginar que o legislador está referindo-se à ocultação ou à dissimulação que possam recair também nos direitos que se tenham sobre os bens. Não parece correta a utilização desse termo no tipo penal, pois o direito só pode recair sobre os bens provenientes dos delitos mencionados na Lei. Mantendo-se esse termo, teremos um objeto material a mais no delito de lavagem de dinheiro, independentemente dos bens, pois o conceito proporcionado já é suficientemente amplo para

---

[305] TIGRE MAIA, *Lavagem de dinheiro*, p. 61 y 62.

[306] VIDALES ROGRÍGUEZ, *Los delitos de receptación y legitimación de capitales en el Código Penal de 1995*, 108; GOMEZ INIESTA, *El delito de blanqueo de capitales en Derecho Español*, pp. 47 y 48; PALOMO DEL ARCO, "Receptación y figuras afines", p. 442; CARPIO DELGADO, *El delito de blanqueo de bienes*, p. 94; BLANCO CORDERO, *El delito de blanqueo de capitales*, p. 213; FARALDO CABANA, *Aspectos básicos del delito de blanqueo de bienes en el Código Penal de 1995*, p. 133.

que dentro desse fique incluido o de "direitos", significando que os direitos são por sua vez os bens.[307]

A interpretação mais correta que devemos fazer desse preceito é que a descrição típica compreende todas as possibilidades de revelação dos bens e direitos no mundo exterior. Se adotamos a ampla definição de "bens", isso permite, sem problema, dar cabimento a todas e cada uma das concretas manifestações dos mesmos no mundo exterior.[308]

11.4.3. A ocultação ou dissimulação dos "valores"

Seguindo a análise do artigo 1º da Lei 9.613/98, este contempla também a ocultação ou dissimulação dos "valores" provenientes direta ou indiretamente dos crimes previstos na Lei de Lavagem. O termo "valores" não foi recolhido pelo legislador espanhol, e a doutrina brasileira não o estudou para os efeitos do delito de lavagem de dinheiro. No dicionário, o termo "valores" significa "a designação comum a qualquer título de créditos públicos ou particulares e a outros bens disponíveis representativos de dinheiro negociáveis na Bolsa".[309] Porém, a nosso juízo, essa definição não é suficientemente ampla com relação aos delitos de lavagem de dinheiro, pois ao adotar-se a definição recolhida no dicionário estaríamos restringindo a aplicação do tipo.

Como os valores têm sua origem no delito prévio, a preocupação do legislador está direcionada aos valores investidos no mercado econômico e que procedam de um dos delitos enumerados na Lei de Lavagem.

11.4.4. A ocultação ou dissimulação da "natureza" dos bens

O artigo primeiro estabelece a ocultação ou dissinulação da "natureza" dos bens, o que nos leva a interpretar este termo. No dicionário, o termo "natureza", significa espécie ou qualidade,[310] ou de acordo com a doutrina espanhola, sua essência, sua qualidade, a propriedade que lhe caracteriza a respeito de outra, de tal forma que

---

[307] Nesse sentido, CARPIO DELGADO, *El delito de blanqueo de bienes en el nuevo Código Penal*, p. 111.

[308] Nesse sentido, Idem, p. 215.

[309] *Novo Dicionário da Língua Portuguesa*, p. 1452.

[310] Idem, p. 971.

a ocultação ou dissimulação deverá estar referida a essas características dos bens.

O preceito referente à natureza pode apresentar problemas de interpretação como objeto de ocultação ou dissimulação dos bens. Isso porque o legislador menciona em seguida a ocultação ou dissimulação da origem dos bens. De fato, deverá constrastar-se ambos os termos para delimitar um do outro e evitar confusões no momento da tipificação do delito. A "natureza" dos bens não pode coincidir com sua "origem", pois deve ser algo distinto, e do recurso à interpretação gramatical o mais conveniente é dizer que a "natureza" dos bens deve ser entendida no sentido de sua propriedade ou qualidade.[311]

Como a doutrina brasileira não se manifestou a respeito, recorremos a Blanco Cordero, que opina que se trata de uma referência claramente supérflua e carente de sentido, pois no âmbito de lavagem de dinheiro a ocultação ou encobrimento da propriedade ou qualidade dos bens não é algo exessivamente relevante. A razão desta afirmação é que dificilmente a "natureza" dos bens pode conectar-se com o delito prévio, senão é porque sua existência, atual composição material ou valor procede daquele. Somente quando o delito prévio repercutisse de alguma maneira na existência ou composição dos bens poder-se-ia apreciar do interesse de encobrir ou ocultar, no Brasil dissimular, a natureza, pois caso contrário poderia conduzir ao descobrimento daquele, ou seja, sua origem.[312]

11.4.5. A ocultação ou dissimulação da "origem" dos bens

O artigo 1º da Lei 9.613/98 refere-se, em segundo lugar, à ocultação ou dissimulação da "origem" dos bens. Como ocorre com o delito de receptação[313] previsto no Código Penal brasileiro, o delito de lavagem necessita como pressuposto essencial a comissão de um fato delitivo prévio, pois é neste que existirá a origem do objeto material sobre o qual vai recair a conduta típica respectiva. Esse preceito deve ser interpretado no sentido de ocultar ou encobrir a verdadeira

---

[311] Nesse sentido, BLANCO CORDERO, *El delito de blanqueo de capitales*, p. 216.

[312] Id. Ibidem.

[313] Art. 180 CP. "Adquirir, receber, transportar, conduzir, ou ocultar, em proveito próprio ou alheio, coisa que sabe ser produto de crime, ou influir para que terceiro, de boa-fé, a adquira, receba ou oculte".

LAVAGEM DE DINHEIRO

procedência delitiva dos bens, é dizer, que estes têm origem direta ou indiretamente na comissão de um delito. A procedência delitiva é que constitui a origem dos bens.

11.4.6. A ocultação ou dissimulação da "localização" dos bens

O termo seguinte utilizado pelo legislador brasileiro no artigo primeiro da Lei refere-se à ocultação ou dissimulação da "localização" dos bens, direitos ou valores procedentes dos crimes descritos na Lei de Lavagem. Este termo refere-se à localização espacial dos bens, isto é, o lugar em que se encontram situados. Diante da falta de uma análise da doutrina brasileira, coincidimos com a crítica de Blanco Cordero, que pode ser aplicada ao nosso legislador, no sentido de que é suficiente a referência exclusiva aos bens, porque quando se faz referência à ocultação ou dissimulação dos bens, já ficaria abarcada a situação espacial dos mesmos. Assim, quem ocultasse a localização do bem, estaria ocultando o bem mesmo.[314]

11.4.7. A ocultação ou dissimulação da "disposição" dos bens

O artigo primeiro da Lei de Lavagem menciona no termo seguinte a ocultação ou dissimulação da "disposição" dos bens. Esse preceito não está previsto na legislação espanhola, e no Brasil este termo deve ser entendido também como localização dos bens pois quem oculta ou dissimula a disposição dos bens, também estaria ocultando a localização dos mesmos. Esse termo, no sentido gramatical, significa que é uma distribuição ordenada ou colocação metódica das coisas.[315] Então, quem oculta esta disposição dos bens, oculta na realidade sua localização.

11.4.8. A ocultação ou dissimulação da "movimentação" dos bens

O preceito seguinte contido no artigo primeiro da Lei de Lavagem menciona a ocultação ou dissimulação da "movimentação" dos bens provenientes dos crimes precedentes enumerados na Lei de Lavagem. A interpretação desse termo deve ser no sentido espacial, é dizer, pode estar referido tanto ao movimento ou traslado espacial dos bens como aos movimentos contábeis ou mercantis de uma con-

---

[314] BLANCO CORDERO, *El delito de blanqueo de capitales*, p. 217.
[315] *Novo Dicionário de Língua Portuguesa*, p. 484.

ta a outra. A doutrina espanhola é partidária de que esta última manifestação deve ser adimitida porque uma das formas de dissimular os bens é mediante a ocultação dos movimentos contábeis, o que ocorre sem necessidade da transferência material dos bens.[316]

11.4.9. A ocultação ou dissimulação da "propriedade" dos bens

Finalmente, o artigo primeiro da Lei 9.613/98 menciona a ocultação ou dissimulação da "propriedade" dos bens que provêm dos crimes previstos na Lei de Lavagem. Para interpretação desse termo deve utillizar-se a doutrina civil que manifesta que a propriedade é "o direito que a pessoa tem, dentro dos limites normativos, de usar, gozar e dispor de um bem, corpóreo ou incorpóreo, bem como de buscá-lo de quem injustamente o detenha.[317] Só este conceito não é suficiente para efeitos de lavagem de dinheiro, o que nos leva a ter que buscar outra interpretação. Assim, melhor seria interpretar a expressão "propriedade" em um sentido amplo como o faz a doutrina espanhola, compreensivo da titularidade dos direitos sobre os bens. Porém, ambas as interpretações são assumíveis porque se evitariam lacunas de punibilidade por onde poderiam evadir-se os lavadores.[318] Com relação ao termo "propriedade" previsto pelo legislador brasileiro tem cabimento a observação de Carpio Delgado quando opina que não deve entender-se que se está castigando a ocultação ou encobrimento da propriedade mesmo entendida como um direito, pois esta forma já se castiga quando se incrimina a ocultação ou encobrimento dos direitos.[319]

11.5. O delito prévio na lei brasileira

Da mesma forma que ocorre no delito de receptação,[320] o delito de lavagem de dinheiro necessita como pressuposto especial a comissão de um fato delitivo prévio, porque é neste onde vai ter a

---

[316] CARPIO DELGADO, *El delito de blanqueo de bienes*, p. 116; BLANCO CORDERO, *El delito de blanqueo de capitales*, p. 218.

[317] DINIZ, *Curso de Direito Civil Brasileiro*, p. 86; RODRIGUEZ, *Direito Civil*, p. 76. Nesse sentido, TIGRE MAIA, *Lavagem de dinheiro*, p. 65.

[318] BLANCO CORDERO, *El delito de blanqueo de capitales*, p. 220 y 221.

[319] CARPIO DELGADO, *El delito de blanqueo de bienes*, p. 117.

[320] REGIS PRADO, *Curso de Direito Penal Brasileiro, PE*, p. 606.

origem do objeto material sobre o qual vai recair a conduta típica respectiva.

Não faremos referência ao delito de encobrimento, previsto na Espanha, porque não existe a previsão típica, ao menos com este nome, na legislação brasileira. No Brasil estas ações se tipificam sob a denominação de *favorecimento real e pessoal*. Porém, com relação ao delito de receptação é certo que este requer a prévia comissão de um delito, mas a lei não faz menção que o crime anterior esteja relacionado com o patrimônio,[321] ainda que um setor da doutrina se manifeste nesse sentido.[322] No entanto, uma coisa é certa, só há receptação do produto de crime, pois não haverá o delito de receptação se o produto provém de uma contravenção, já que a lei faz menção expressa à palavra crime.[323]

No Brasil não se regulava o delito de lavagem de dinheiro antes da Lei 9.613/98, diferentemente da Espanha que já tinha uma regulação nesse sentido, prevista no artigo 546 bis *f*), só que nesta regulação a exigência da prévia comissão de um delito limitava-se ao delito de tráfico de drogas. Com o novo Código Penal de 1995, o legislador espanhol mudou o regulamento a respeito dos delitos prévios ao delito de lavagem que antes se limitava ao tráfico de drogas e estabeleceu que o delito prévio, pressuposto essencial para que a lavagem de dinheiro seja penalmente relevante, pode ser qualquer delito que tenha a consideração de grave.

A decisão do legislador espanhol foi a de optar pela comissão de um delito que tenha consideração de grave como precedente ao delito de lavagem de dinheiro. Assim, para a existência do delito de lavagem de dinheiro na Espanha, o objeto material pode preceder a comissão de qualquer delito grave.[324] Portanto, conclui-se que na Espanha adotou-se um sistema intermediário que utiliza a gravidade que o legislador considera e que supõe a comissão de alguns delitos.

---

[321] MIRABETE, *Manual de Direito Penal, PE*, p. 23; DELMANTO, *Código Penal Comentado*, p. 328; SILVA FRANCO, *Código Penal e sua interpretação jurisprudencial*, v. I, tomo II, p. 2801.

[322] REGIS PRADO, *Curso de Direito Penal Brasileiro, PE*, p. 598, assinala que o bem jurídico protegido é o patrimônio.

[323] MIRABETE, *Manual de Direito Penal*, p. 323; DELMANTO, *Código Penal Comentado*, p. 328; DE JESUS, *Direito Penal, PE*, v. 2, p. 427.

[324] PALOMO DEL ARCO, "Receptación y figuras afines", p. 442 y 443; GOMEZ INIESTA, *El delito de blanqueo de capitales en Derecho Español*, p. 47 y 48; BLANCO CORDERO, *El delito de blanqueo de capitales*, p. 229.

No Brasil, a lei faz menção expressa ao delitos precedentes que podem dar origem ao delito de lavagem de dinheiro. O legislador brasileiro acolhe o sistema restrito, segundo o qual o delito prévio está expressamnte previsto na lei, quer dizer, o legislador decidiu, por razões de política criminal, incluir um grupo de delitos concretos como idôneos para gerar os bens objeto material do delito de lavagem. Esta conclusão se depreende do que expressamente está consignado na Lei 9.613/98, pois os delitos prévios que podem gerar o objeto material do delito de lavagem são somente os que vêm descritos na Lei, é dizer, mesmo que outro delitos sejam graves e possam gerar o objeto material para o delito de lavagem ficariam impunes em relação a esse delito.

O importante é saber quais são os delitos prévios, pois constituem o pressuposto indispensável que serve de nexo com o objeto sobre o qual vão recair as condutas constitutivas de lavagem de dinheiro e, não existindo este nexo, não haverá objeto material idôneo para a comissão do delito de lavagem de dinheiro. Portanto, sempre será necessário recorrer à Lei de Lavagem para saber se o objeto material é procedente de um dos delitos prévios que possibilita a comisssão do delito de lavagem.

11.5.1. O termo "crime" e sua análise

Como ocorre na Espanha, se o pressuposto essencial da relevância penal da lavagem de dinheiro é a prévia comissão de um delito e no Brasil o artigo 1° da Lei 9.613/98 exige que os bens que se lavam procedam de um "crime", nosso primeiro trabalho será o de determinar o que se entende por este termo, freqüentemente utilizado no nosso Código Penal. Diferentemente da Espanha,[325] o legislador brasileiro não estabelece um conceito de crime no Código Penal.

Feita esta consideração, temos que recorrer ao conceito doutrinário, pois o Código Penal, ainda que mencione várias vezes a palavra *crime,* não oferece um ponto de partida razoável para estabelecer o significado do crime. A doutrina brasileira elaborou um conceito que permite sua utilização sem que seja necessário nos determos neste ponto. O conceito de crime, do ponto de vista dogmático, é en-

---

[325] Ao menos o artigo 20 CP espanhol serve como ponto de partida ao mencionar que "são delitos ou faltas as ações ou omissões dolosas ou culposas apenas por Lei".

LAVAGEM DE DINHEIRO

tendido como "a ação ou omissão típica, antijurídica e culpável",[326] ainda que parte da doutrina entenda que o conceito de crime é somente "a ação ou omissão típica e antijurídica", pois a culpabilidade é pressuposto da aplicação de pena.[327] O conceito que adotamos é o primeiro e, portanto, supõe-se que, inicialmente, para poder sancionar um sujeito pelo crime de lavagem de dinheiro é necessário que os bens procedam de um delito completo, ou seja, que exista uma ação típica, antijurídica e culpável. Assim, no caso em que o autor não seja culpável, os bens não procederão de um crime no sentido completo, fazendo com que quem os lava ficaria impune por não ser sua conduta constitutiva de um delito. A seguir, veremos que se dá outra interpretação para a palavra *crime* quando se trata do delito de lavagem de dinheiro.

Tratando-se de lavagem de dinheiro, a doutrina espanhola não considera correta a necessidade de que o crime seja interpretado em seu sentido completo, porque choca frontalmente com o princípio da acessoriedade limitada que inspira o delito de lavagem de dinheiro.[328] Para Carpio Delgado, o grau de união ou nexo entre o delito de lavagem de dinheiro e o delito prévio no qual têm sua origem os bens pode ser expressado através do princípio da "acessoriedade".[329]

O princípio da acessoriedade é utilizado no Brasil para resolver os problemas de participação num delito cometido por outra pessoa e determinar quais são os requisitos que o fato principal deve preencher para que se possa estabelecer a responsabilidade penal do partícipe.[330]

Atualmente, o legislador brasileiro adotou o princípio da acessoriedade limitada expressamente nas disposições processuais da Lei de Lavagem de dinheiro. Nesse sentido, o artigo 2º, § 1º, estabelece: "A denúncia será instruída com indícios suficientes da existência do crime antecedente, sendo puníveis os fatos previstos nesta Lei, ainda que desconhecido ou isento de pena o autor daquele crime".

---

[326] ASSIS TOLEDO, *Princípios Básicos de Direito Penal*, p. 82; FRAGOSO, *Lições de Direito Penal*, p. 149/150; BRUNO, *Direito Penal, PG*, Tomo I, p. 88, MESTIERI, *Manual de Direito Penal, PG*, v. I, p. 105.

[327] MIRABETE, *Manual de Direito Penal 1, PG*, p. 95; DE JESUS, *Direito Penal, PG*, p. 133; COELHO, *Teoria geral do crime*, p. 37.

[328] BLANCO CORDERO, *El delito de blanqueo de capitales*, p. 231.

[329] CARPIO DELGADO, *El delito de blanqueo de bienes*, p. 125.

[330] Vid. por todos, BATISTA, *Concurso de agentes*, p. 124 y ss.

Assim, nos casos de comissão dos crimes antecedentes previstos na Lei de Lavagem, só se exige que estes sejam fatos típicos e antijurídicos, pois a culpabilidade não é necessária de acordo com o legislador brasileiro. Não se adotando o princípio da acessoriedade limitada, é dizer, se houvesse a exigência do crime no sentido completo, o princípio vigente para o delito de lavagem de dinheiro seria o da acessoriedade máxima e, como conseqüência, estar-se-ia exigindo a concorrência da culpabilidade.

Entretanto, da mesma forma que a legislação espanhola fez menção expressa ao princípio da acessoriedade limitada no artigo 300 do Código Penal espanhol, a legislação brasileira também contém o princípio de forma expressa no artigo 2º, § 1º, pois a Lei faz referência aos delitos prévios cuja comissão pode dar origem ao objeto material do delito de lavagem de dinheiro e não exige a culpabilidade do sujeito em relação ao crime antecedente. De certa forma, o princípio já era adotado pelo legislador na Parte Geral do Código Penal, quando tratava do concurso de pessoas. O artigo 31 do nosso Código estabelece: "O ajuste, a determinação ou instigação e o auxílio, salvo disposição expressa em contrário, não são puníveis, se o crime não chega, pelo menos, a ser tentado". Como a tentativa requer o início da execução de um fato típico e antijurídico, a doutrina menciona que nesse artigo estaria incluído o princípio da acessoriedade limitada.[331]

Já sabemos que com referência à participação utiliza-se o princípio da acessoriedade limitada, o que significa que a participação é acessória, pois depende de um fato principal típico e antijurídico.[332] No entanto, agora o legislador previu expressamente o princípio da acessoriedade limitada para o delito de lavagem de dinheiro. Portanto, tem aplicação o princípio a estes delitos. A culpabilidade não é necessária para a consideração do delito prévio, ou seja, não se exige que o sujeito que realiza um dos delitos antecedentes, previstos na Lei de Lavagem, seja culpável.

A culpabilidade, então, não é requisito necessário para a consideração do fato prévio como crime porque fica claro que os requisitos exigíveis são a tipicidade e a antijuridicidade. Pode-se afirmar

---

[331] BATISTA, *Concurso de agentes*, p. 124; PIERANGELLI, *Escritos jurídico-penais*, p. 62.

[332] JESCHECK, *Tratado de Derecho Penal, PG*, p. 596 y ss.; MIR PUIG, *Derecho Penal*, p. 393; MUÑOZ CONDE/GARCÍA ARÁN, *Derecho Penal, PG*, p. 457 y ss.; BUSTOS RAMÍREZ, *Derecho Penal, PG*, p. 333; BACIGALUPO, *Principios de derecho penal, PG*, p. 379, BATISTA, *Concurso de agentes*, p. 124.

que vige o princípio da acessoriedade limitada com relação ao delito prévio que tem conexão com o delito de lavagem de dinheiro. Assim mesmo, quando se utiliza o conceito dogmático de crime, entende-se este como ação ou omissão típica, antijurídica e culpável, para os efeitos do delito prévio no qual têm origem os bens objeto material do delito de lavagem de dinheiro, se entenderá por crime a ação ou omissão típica e antijurídica.[333]

Como não há acordo na doutrina brasileira a respeito de crime, o setor que defende que o crime é "a ação ou omissão típica e antijurídica, pois a culpabilidade é pressuposto da aplicação da pena",[334] não necessita do princípio da acessoriedade limitada, já que próprio conceito utilizado restringe o crime a dois requisitos: a tipicidade e a antijuridicidade. Porém, de acordo com o outro setor da doutrina que conceitua o crime como "a ação ou omissão típica, antijurídica e culpável",[335] tem aplicação o princípio da acessoriedade limitada. A meu juízo, parece mais correto este último conceito. De qualquer forma, o princípio da acessoriedade limitada está disposto no artigo 2º, § 1º, da Lei vigente de lavagem de dinheiro, o que não deixa dúvidas a respeito de sua aplicação aos casos de lavagem.

Da adoção do princípio da acessoriedade se deduzem duas conseqüências. Quando os bens não tenham sua origem em um fato típico, não haverá um delito de lavagem de dinheiro. Assim, se o fato prévio no qual tem origem os bens não se encontra descrito em algum tipo de injusto enumerado na Lei 9.613/98, as condutas de lavagem que recaiam sobre ditos bens não podem ser típicas. Os bens que procedam de outros delitos, ainda que sejam graves, mas não descritos na Lei de Lavagem, ou de fatos que constituem meros ilícitos civis ou administrativos, não podem dar ensejo a um delito de lavagem.[336]

A segunda conseqüência que se depreende do princípio da acessoriedade limitada é que quando no fato prévio no qual tem origem os bens objeto de lavagem concorre uma causa de justificação, não poderá haver um delito de lavagem de dinheiro, pois se as condutas

---

[333] No Brasil, um setor da doutrina entende que o conceito de crime é "a ação ou omissão típica e antijurídica, pois a culpabilidade é pressuposta para a aplicação da pena". Adotando-se esse conceito, não seria necessária a adoção do princípio da acessoriedade limitada.

[334] Adotam este conceito, MIRABETE, *Manual de Direito Penal, PG*, p. 95; DE JESUS, *Direito Penal, PG*, p. 133; COELHO, *Teoria geral do crime*, p. 37.

[335] Nesse sentido, TOLEDO, *Princípios básicos de Direito Penal*, p. 82; FRAGOSO, *Lições de Direito Penal, PG*, p. 149/150; BRUNO, *Direito Penal*, p. 88; MESTIERI, *Manual de Direito Penal, PG*, p. 105.

[336] Cfr. CARPIO DELGADO, *El delito de blanqueo de bienes*, p. 129.

que podem constituir a lavagem recaem sobre bens que têm sua origem num fato típico, mas não antijurídico, não se pode apreciar um delito de lavagem de dinheiro.[337] Ainda que as conseqüências sejam em referência à análise do delito previsto no Código Penal espanhol, também tem aplicação a nossa legislação. Os princípios aplicáveis aqui são os mesmos, portanto consideramos que ambas as conseqüências também servem para o delito de lavagem no Brasil, pois está disposto expressamente no artigo 2°, § 1°, da Lei 9.613/98.

11.5.2. O grau de execução do delito prévio no Brasil

Como assinalamos anteriormente, o artigo 1° da Lei n° 9.613/98 exige que os bens procedam de um crime. Para que exista o crime, com relação ao delito de lavagem de dinheiro, utilizamos o princípio da acessoriedade limitada e isso significa que só é necessário que os bens sobre os quais recaem qualquer conduta constitutiva de lavagem tenham sua origem numa ação típica e antijurídica.

O tema referente à fase de execução do delito prévio não foi abordado pela doutrina brasileira, o que nos faz recorrer à doutrina comparada. De qualquer modo, não se deve sancionar penalmente a etapa interna ou de ideação do fato prévio. A questão é determinar em que momento da fase externa se pode considerar que existe um delito que sirva de pressuposto para a posterior lavagem de dinheiro.

A doutrina espanhola majoritária considera que se deve partir da desconexão entre o delito de lavagem de dinheiro e o delito prévio, de tal forma que o único importante é que o fato prévio constitua um delito independentemente do desenvolvimento delitivo que alcançou.[338] Da mesma forma, aplica-se essa interpretação no Brasil, ou seja, é necessário somente que o fato precedente constitua um dos delitos enumerados na Lei de Lavagem, independentemente de sua fase de desenvolvimento (por exemplo, tentativa).

De acordo com o estudado até agora, pode-se afirmar que a tentativa também constitui um fato típico e antijurídico e, portanto, constitui uma forma de crime. Por isso, o fato em grau de tentativa também deve ser considerado como delito prévio em relação à lavagem de dinheiro. No que tange ao delito consumado, não há problema em afirmar que os bens provenientes deste são idôneos para

---

[337] Id. Ibidem; QUINTERO OLIVARES, *Comentarios a la parte especial del Derecho Penal*, p. 704.

[338] CARPIO DELGADO, *El delito de blanqueo de bienes*, p. 132; BLANCO CORDERO, *El delito de blanqueo de capitales*, p. 242.

serem objeto material do delito de lavagem. Essa afirmação também é procedente no que diz respeito à tentativa, pois a comissão dessa é suscetível de gerar bens idôneos para serem objeto material do delito de lavagem. O importante é que a tentativa recaia sobre um dos delitos antecedentes previstos na Lei de Lavagem, pois somente os bens que tenham origem nestes delitos, independentemente da fase de desenvolvimento, são idôneos para gerarem o objeto material do delito de lavagem de dinheiro. Ademais, se o delito prévio fica na fase de tentativa, não importa a redução da pena prevista no artigo 14, inciso II, do Código Penal, pois o legislador brasileiro, para os efeitos de lavagem de dinheiro, não utilizou o critério da gravidade da pena para considerar o delito prévio idôneo para gerar bens aptos a serem lavados. O legislador adotou o critério restrito e, de acordo com isso, sempre que o delito antecedente ficar na fase de tentativa, independente da pena, que pode ou não ser grave, será considerado idôneo para gerar bens aptos a serem lavados.

11.5.3. O delito prévio e suas considerações na lei brasileira

O legislador brasileiro, diferentemente do legislador espanhol,[339] considerou que os bens suscetíveis e idôneos para que possam ser constituídos no objeto material do delito de lavagem de dinheiro sejam aqueles bens que procedam de um dos delitos previamente descritos na Lei 9.613/98. Esta Lei estabeleceu, expressamente, os delitos antecedentes que podem gerar bens que serão objeto material do delito de lavagem, por isso não é necessário qualificar se esses delitos são ou não graves. O legislador previu um número específico de delitos que considera graves e com a capacidade de produzir o objeto material idôneo para o delito de lavagem de dinheiro,[340]

De acordo com o artigo primeiro da Lei 9.613/98 os crimes antecedentes que podem gerar bens idôneos à lavagem são: o tráfico ilícito de substâncias entorpecentes ou drogas afins, o terrorismo, o contrabando ou tráfico de armas, munições ou material destinado à sua produção, o de extorsão mediante seqüestro, os contra a Administração Pública, os contra o sistema financeiro nacional e os praticados por organização criminosa.

---

[339] O legislador espanhol optou que os bens suscetíveis e idôneos que se constituem em objeto material do delito de lavagem de bens são aqueles que tenham sua origem ou procedam de um delito grave.

[340] TIGRE MAIA, *Lavagem de dinheiro*, p. 69.

Como a lei brasileira de lavagem não utilizou o critério da gravidade para estabelecer quais são os delitos prévios suscetíveis de gerarem bens idôneos ao delito de lavagem, não é necessário que o delito prévio seja consumado. Ainda que o delito prévio fique na fase da tentativa, será apto para gerar bens que possam ser utilizados para os fins de lavagem de dinheiro, desde que seja um dos expressamente previstos na Lei 9.613/98. Quer dizer, não importa a pena final prevista para o delito, mas somente sua previsão expressa como crime antecedente na Lei de Lavagem.

11.5.4. *A prova do delito prévio*

No Brasil, o problema que se coloca a respeito do delito prévio é que o legislador não exige a sua para que se inicie o processo e julgamento do delito de lavagem, isso por disposição expressa no artigo 2°, § 1°, da Lei 9.613/98, que estabelece que: "A denúncia será instruída com indícios suficientes da existência do crime antecedente, sendo puníveis os fatos previstos nesta Lei, ainda que desconhecido ou isento de pena o autor daquele crime".

Um setor da doutrina não está de acordo com esse preceito sob o fundamento de que o crime antecedente condiciona o tipo de lavagem de dinheiro previsto na Lei brasileira. De acordo com isso, não seria possível a condenação do sujeito pelo crime de lavagem se não houvesse a absoluta certeza da realização do tipo precedente. Assim, ao menos, o fato antecedente deve ser típico e antijurídico para sua caracterização como delito prévio.[341]

A nosso juízo, os indícios do crime anterior não são suficientes para a condenação do sujeito pelo delito de lavagem de dinheiro. Como o legislador brasileiro exigiu a existência suficiente de indícios do "crime" antecedente, o fato deve ser típico e antijurídico. Pode que ocorra em relação ao delito antecedente, a exclusão da tipicidade ou da antijuridicidade, o que acarretará a inocorrência do crime precedente. Portanto, se não há crime antecedente, não se pode aplicar o disposto no artigo 2°, § 1°, da Lei 9.613/98.

Ademais, como já mencionamos, o legislador adotou o princípio da acessoriedade limitada, é dizer, a exigência de que o delito prévio seja, ao menos, típico e antijurídico, o que impossibilita a comissão do delito de lavagem se o fato antecedente, previsto na

---

[341] DAVILA, "A certeza do Crime Antecedente como Elementar do Tipo nos Crimes de Lavagem de Capitais", *BIBCCrim*, n. 79, p. 4.

Lei, não possa ser considerado um crime. Nesse sentido, deve ficar provada a existência da tipicidade e da antijuridicidade do delito anterior, pois o reconhecimento de uma causa de justificação ou a ausência de um dos elementos do tipo leva à ausência do crime antecedente e, por isso, não há subsunção típica às figuras de lavagem que exigem a comissão daquele.[342]

Assim, para poder demonstrar a relação entre um bem e um delito anterior é imprescindível provar a comissão desse delito prévio. Para esse dado existem duas possibilidades: pode-se exigir uma sentença transitada em julgado que constate a realização do fato tipicamente antijurídico, ou deixar o juiz que aprecia o delito de lavagem determine também esse assunto.[343]

Para solucionar essa polêmica, um setor da doutrina espanhola utiliza a jurisprudência da receptação, assinalando que nestes casos não é necessária uma sentença condenatória com relação ao delito prévio, mas se exige, pelo menos, um fato minimamente circunstanciado.[344] Entretanto, é necessário que o juiz responsável pelo julgamento do fato de lavagem considere provada a existência de um fato delitivo prévio, ou seja, é necessário saber com precisão qual é o fato criminoso que originou os bens.[345] Assim, não se requer uma sentença condenatória do crime antecedente, mas a receptação deve estar plenamente creditada em sua realidade e em sua natureza jurídica, sem que baste para isso a mera constância de denúncias, ocupação de bens e outras diligências policiais ou sumárias. Por se tratar de um elemento constitutivo do tipo, faz-se necessário que as provas destinadas a acreditá-lo se tenham praticado com as garantias constitucionais e processuais que as tornem aptas para desvirtuar a presunção da inocência.[346] Portanto, ao menos, é necessário que fique provado que os bens procedam de um dos delitos previstos na Lei de Lavagem.

De sua parte, a jurisprudência brasileira confere o mesmo tratamento à receptação, isto é, não exige a necessidade de uma sentença

---

[342] DAVILA, "A certeza do crime antecedente como elementar do tipo nos crimes de lavagem de capitais", *BIBCCrim*, p. 4.

[343] ARÁNGUEZ SÁNCHEZ, *El delito de blanqueo de capitales*, p. 200.

[344] PALOMO DEL ARCO, "Receptación y figuras afines", p. 380. En contra, MORENO CÁNOVES/ RUÍZ MARCO, *Delitos socioeconómicos*, p. 380.

[345] BLANCO CORDERO, *El delito de blanqueo de capitales*, p. 252; VIDALES RODRÍGUEZ, *Los delitos de receptación y legitimación de capitales en el Código Penal de 1995*, p. 47; ARÁNGUEZ SÁNCHEZ, *El delito de blanqueo de capitales*, p. 200.

[346] Nesse sentido, STS 20 de enero 1999.

penal condenatória que afirme a ocorrência do crime antecedente, mas é indispensável a prova de sua ocorrência.[347] De acordo com isso, é possível a utilização dessa interpretação para os delitos de lavagem, em especial, ao preceito estabelecido no artigo segundo, inciso segundo, da Lei brasileira. Assim, para que se possa condenar o sujeito pelo delito de lavagem, é necessário, no mínimo, que haja uma prova convincente do delito prévio, prova essa que pode ser acreditada com relação a um dos delitos precedentes previstos na Lei de Lavagem. Somente os indícios[348] do crime antecedente não são suficientes para a condenação pelo delito de lavagem.

No entanto, o critério utilizado para a receptação também pode trazer problemas nos casos em que uma sentença posterior negue a comissão do delito prévio, isto é, se fica provado que os bens não são provenientes de um dos delitos previstos na Lei de Lavagem. Mas ainda assim, um setor da doutrina brasileira sustenta a autonomia do processo do delito de lavagem.[349] A nosso juízo, o melhor seria uma sentença transitada em julgado do delito prévio, reconhecendo a comissão do delito antecedente que pode originar os bens aptos a serem lavados, pois, pode ocorrer o caso em que o sujeito resta condenado pela comissão do delito de lavagem, com base na prova indiciária, mas, no processo do delito prévio, fica absolvido, por exemplo, pelo erro de tipo. E, pode-se ir mais longe, como na hipótese do sujeito que tem que se sujeita à prisão pela condenação do delito de lavagem e, finalmente, ser absolvido pelo delito antecedente que, supostamente, gerou os bens aptos a serem lavados.

11.5.5. Delitos prévios cometidos no estrangeiro

O delito de lavagem de dinheiro tem, como uma de suas características, a possibilidade de ser realizado num país distinto daquele onde foi cometido o delito prévio que deu origem aos bens.[350] É possível que o delito prévio que dá origem aos bens tenha sido cometido num país, e o delito de lavagem, em outro diferente.[351]

---

[347] Revista dos Tribunais, 404/288; 663/293; 718/425.

[348] MONTAÑES PARDO, *La Presunción de Inoncencia*, p. 106 e ss., assinala a possibilidade da aceitação da prova de indícios sob a observação de alguns requisitos.

[349] GOMES, *Lei de Lavagem de Capitais*, p. 36, refere que para a existência do processo do crime da lavagem não importa se o delito prévio está ou não *sub judice*, se foi ou não julgado.

[350] QUINTERO OLIVARES, *Comentarios a la parte especial del Derecho Penal*, p. 708.

[351] BLANCO CORDERO, *El delito de blanqueo de capitales*, p. 244; CARPIO DELGADO, *El delito de blanqueo de bienes*, p. 141.

O legislador espanhol previu estes casos no artigo 301.4 do Código Penal, quando estabeleceu, expressamente, que: "O culpado será igualmente castigado ainda que o delito do qual são provenientes os bens, ou os atos apenados nos incisos anteriores tenham sido cometidos, total ou parcialmente, no estrangeiro".

A razão desse preceito é que freqüentemente o delito prévio e o delito de lavagem não se realizam no mesmo país e, dessa forma, o legislador deu aplicação, no novo Código Penal espanhol, às recomendações internacionais em matéria de lavagem de dinheiro relativas aos delitos prévios cometidos no estrangeiro.

Nesse sentido, o legislador brasileiro também fez a previsão expressa de que os crimes antecedentes que geram bens idôneos para o delito de lavagem possam ser cometidos no exterior. A Lei 9.613/98 estabelece expressamente no artigo 2º, inciso II, "que o processo e julgamento dos crimes previstos na Lei em comento não dependem do processo e julgamento dos crimes referidos no artigo 1º, ainda que sejam praticados em outro país".

A nosso juízo, a redação desse preceito pode gerar problemas. O legislador brasileiro acolheu um sistema fechado (taxativo) de incriminação dos delitos precedentes que podem gerar bens aptos a serem lavados. Adotando-se a regra prevista no artigo 2º, inciso II, os crimes praticados no exterior são somente os previstos na Lei de Lavagem. Como o legislador não assume o critério da gravidade da pena dos crimes antecedentes, o que permite uma melhor interpretação e extensão de quais são os delitos prévios praticados no estrangeiro que podem gerar os bens aptos a serem lavados, não será fácil a tarefa de aplicar o preceito contido no artigo 2º, inciso II, da Lei 9.613/98, pois dispõe expressamente que os delitos prévios são "os crimes antecedentes referidos no artigo anterior",[352] ou seja, somente os enumerados na Lei brasileira.

De acordo com isso, existem delitos prévios previstos na Lei brasileira que se forem praticados no estrangeiro não são aptos para gerar bens objeto da lavagem de dinheiro. O legislador, ao adotar o sistema taxativo, tem que se limitar aos delitos previstos ante-

---

[352] Os delitos antecedentes previstos na Lei brasileira, aptos para gerarem bens objeto de lavagem são: I – o tráfico ilícito de substâncias entorpecentes ou drogas afins; II – de terrorismo; III – de contrabando ou tráfico de armas, munições ou material destinado a sua produção; IV – de extorsão mediante seqüestro; V – contra a Administração Pública, inclusive a exigência para si ou para outrem, direta ou indiretamente, de qualquer vantagem, como condição ou preço para a prática ou omissão de atos administrativos; VI – contra o sistema financeiro nacional; VII – praticado por organização criminosa.

riormente na Lei brasileira. Entretanto, existem alguns delitos que não apresentam problemas, como o tráfico de entorpecentes ou o tráfico de armas. No entanto, há outros, como o cometido contra o sistema financeiro nacional ou contra a Administração Pública que se forem praticados no estrangeiro não podem gerar bens objetos de lavagem. A nosso juízo, quando o legislador menciona no tipo expressões como "sistema financeiro nacional" ou "Administração Pública", está fazendo referência ao sistema financeiro do Brasil ou à nossa administração pública, e não a de outros países, em respeito ao princípio da reserva legal garantido pela Constituição Federal e pelo Código Penal.

De outro lado, a legislação brasileira não oferece uma descrição típica do delito de terrorismo;[353] logo, não seria possível, ainda que esteja previsto na Lei brasileira como delito antecedente, a lavagem de dinheiro proveniente do crime de terrorismo praticado em outro país. Se o legislador brasileiro não tipifica esse crime, não seria possível lavar bens de um crime que somente possui o nome da figura delitiva descrito na Lei, mas que não tem a sua própria definição. Assim, ainda que o terrorismo seja praticado no estrangeiro, acreditamos que os bens provenientes deste crime não são aptos a serem lavados no Brasil por ausência de tipificação desta conduta na Lei brasileira. Portanto, respeitando o princípio da reserva legal (inexistência do tipo penal com a descrição do terrorismo) e da estrutura típica adotado pelo legislador (para existir a lavagem é necessária a existência do crime antecedente), quando o sujeito oculta no Brasil os bens provenientes do crime de terrorismo praticado em outro país, essa conduta será atípica para o Direito Penal Brasileiro.[354]

Outro delito precedente que pode gerar problema é o praticado por organização criminosa, pois, igualmente, não há uma definição de organização criminosa no Brasil.[355] Portanto, se o legislador brasileiro não dispôs o que é uma organização criminosa para os efeitos de lavagem de dinheiro (ou para efeitos de Direito Penal), não será possível a aplicação desse preceito. Ainda que dita "organização"

---

[353] TIGRE MAIA, *Lavagem de dinheiro*, p. 72; TERRA DE OLIVEIRA, *Lei de Lavagem de Capitais*, p. 330; BARROS, *Lavagem de dinheiro*, p. 14.

[354] Nesse sentido, TIGRE MAIA, *Lavagem de dinheiro*, p. 73.

[355] BARROS, *Lavagem de dinheiro*, p. 31.

tenha praticado crimes no estrangeiro, os bens daí provenientes não são aptos a serem lavados no Brasil.[356]

Cabe esclarecer, ainda, a questão do significado da palavra *crime* também em relação a sua comissão em outro país, pois o legislador, ao estabelecer a norma contida no artigo 2°, inciso II, dispôs que " o processo dos crimes de lavagem não dependem do processo e julgamento dos crimes antecedentes, ainda que sejam praticados em outro país". Nas hipóteses possíveis da comissão do delito prévio em outro país (tráfico de drogas e tráfico de armas), o crime deve ser entendido como fato típico e antijurídico, não fazendo falta a culpabilidade, por disposição consignada no artigo 2°, § 1° da Lei de Lavagem.

O outro problema que se coloca é o dos casos em que o fato, no qual tem sua origem os bens, não é um delito no país onde tenha sido realizado, e sim no Brasil, ou seja, os fatos somente são previstos como delitos prévios na lei brasileira. Nosso legislador foi omisso a respeito e fez referência somente à comissão dos crimes antecedentes previstos na lei brasileira de lavagem, ainda que praticados no exterior. Portanto, de acordo com uma interpretação literal desse preceito, não se requer que os crimes previstos na lei brasileira também sejam considerados crimes no estrangeiro, pois a consideração do que constitui delito fica restrita aos preceitos já estabelecidos na Lei de Lavagem, quer dizer, o legislador brasileiro que previamente estabelece as condutas é que considera constitutivas de delito, ainda que sejam praticadas no estrangeiro. No entanto, não acreditamos que essa seja a melhor interpretação.

Assinala Carpio Delgado razões de política criminal para excluir os casos nos quais o fato em que têm sua origem os bens não é um delito no país onde tenham sido realizados, e sim no país que os julgará por lavagem. Se um dos fundamentos da incriminação das condutas de lavagem é evitar o enriquecimento ilícito, quando esses bens procedem de fato que no país onde se realizaram não são

---

[356] Nesse sentido, RIZZO CASTANHEIRA, "Organizações criminosas no Direito Penal brasileiro: o estado de prevenção e o princípio da legalidade estrita", *RBCCrim*, p. 117, assinala que na lei de lavagem brasileira há expressamente a expressão "organização criminosa". Como esta expressão não tem definição normativa, no momento tal hipótese de lavagem não existe e não resta configurada só porque os bens provêm de um delito praticado por uma organização. Contra, TIGRE MAIA, *Lavagem de dinheiro*, p. 78. Para este autor a definição de uma organização criminosa é a mesma que está contida no preceito do artigo 288 do Código Penal brasileiro, que trata do crime de quadrilha ou bando, com a diferença de que as pessoas estão associadas pelo menos para a prática de um crime.

constitutivos de delitos, não se pode afirmar que ali se produziu um enriquecimento ilícito.[357]

A conclusão é a mesma ainda quando se parte de outra das razões da incriminação das condutas de lavagem, que é evitar que se incorporem ao tráfico econômico bens que não são lícitos. Se os bens não têm a origem delitiva, não necessitam ser lavados e, por essa razão, sua incorporação ao tráfico econômico não pode produzir nenhuma alteração no mercado.[358]

Uma das finalidades da norma penal é a proteção de bens jurídicos através da incriminação de condutas que podem lesioná-los. As condutas que recaiam sobre bens que procedem de fatos que não são constitutivos de delito no país onde foram cometidos, de nenhuma maneira podem lesionar a circulação dos bens no mercado como bem jurídico protegido por esse delito.[359]

Acreditamos que esses fundamentos se aplicam no Brasil, ainda que o legislador brasileiro tenha estabelecido na Lei que "o processo e julgamento dos crimes previstos na Lei de Lavagem, não dependem do processo e julgamento dos crimes referidos no artigo anterior, ainda que praticados em outro país". Como já mencionamos, o legislador faz referência à prática dos crimes precedentes previstos na lei brasileira. No entanto, não se pode dar aplicação a esse preceito quando o delito referido pelo legislador não constitua delito no país onde foi praticado. Se no Brasil o objeto da Lei é a proteção da ordem socioeconômica, os bens que não têm procedência ilícita e ingressam na economia do país não podem lesionar o bem jurídico protegido.

Nos casos de comissão no estrangeiro de delitos prévios previstos na lei brasileira, a melhor solução é verificar se a ação cometida no estrangeiro também é constitutiva de um delito, é dizer, um fato considerado típico e antijurídico. De acordo com isso, os bens terão que proceder de um fato típico e antijurídico tanto no país onde foram realizados como segundo a legislação brasileira, o que a doutrina espanhola denomina de princípio da "dupla incriminação",[360] utilizado também no Brasil para os casos de extradição. Somente um setor da doutrina brasileira manifestou-se sobre o tema.[361] A nosso

---

[357] CARPIO DELGADO, *El delito de blanqueo de bienes*, p. 148.

[358] CARPIO DELGADO, *El delito de blanqueo de bienes*, p. 148.

[359] Id. Ibidem.

[360] Idem, p. 147; BLANCO CORDERO, *El delito de blanqueo de capitales*, p. 247.

[361] TIGRE MAIA, *Lavagem de dinheiro*, p. 112.

juízo, tem cabimento a aplicação da extraterritorialidade prevista no artigo 7º do Código Penal brasileiro.

De acordo com o artigo 7º do CP, não haveria problemas na utilização do princípio da dupla incriminação para efeitos do delito prévio praticado no exterior e idôneo para gerar bens suscetíveis a serem lavados, porque a norma estabelece que os crimes devem estar entre aqueles que o Brasil, por tratado ou convenção, obrigou-se a reprimir, por exemplo, o tráfico internacional de drogas. Ademais, o artigo 7º, § 2º, do CP estabelece que o fato deve ser punível também no país em que foi praticado, e a mesma disposição está estabelecida no estatuto do estrangeiro.[362]

Assim, ainda que a Lei de Lavagem brasileira estabeleça que os crimes prévios previstos na Lei não dependem do processo e julgamento quando são praticados no estrangeiro, é cabível a aplicação do princípio da dupla incriminação previsto para a extradição. Portanto, é necessário que a definição jurídica do crime antecedente no ordenamento jurídico alienígena, ainda que que não tenha o mesmo *nomen juris*, seja semelhante à tipificação adotada no Direito Penal brasileiro, para que não seja violado o princípio da reserva legal, pois o conceito de crime antecedente integra a definição dos delitos de lavagem de dinheiro.[363] Esse requisito é análogo ao exigido para a extradição.

Ademais, o Supremo Tribunal Federal decidiu que "a exigência da dupla incriminação constitui um requisito essencial para atender o pedido de extradição. O postulado da dupla tipicidade impõe que o ilícito penal atribuído ao extraditando seja juridicamente qualificado como crime tanto no Brasil quanto no Estado requerente, não sendo relevante, para este específico efeito, a eventual variação terminológica registrada nas leis penais em confrontação. A possível diversidade formal concernente ao *nomen juris* das entidades delitivas não atua como causa impeditiva da extradição, desde que o fato imputado constitua crime sob a dupla perspectiva dos ordenamentos jurídicos vigentes no Brasil e no Estado estrangeiro que requer a extradição".[364]

---

[362] A Lei 6.815, de 19 de agosto de 1980, sobre as regras de extradição, estabelece expressamente: Art. 77. "Não será concedida a extradição quando: II – o fato que motiva o pedido não for considerado crime no Brasil ou no Estado requerente".

[363] TIGRE MAIA, *Lavagem de dinheiro*, p. 112.

[364] Acórdão do Supremo Tribunal Federal, Ext. 545, Relator Min. Celso de Mello, DJU 13.12.98.

Assim, o fato atribuído ao extraditando deve constituir, em tese, infração penal, tanto no país requerente como no Brasil, isto é, em razão da lei penal brasileira, o que permite cumprir a exigência legal da dupla incriminação ou dupla tipicidade prevista no artigo 77, inciso segundo, do Estatuto de Estrangeiro.

Para Carpio Delgado, a adoção do princípio da dupla incriminação não significa que deva existir uma identidade total das leis penais que incriminem o fato prévio, no sentido de que ambos os tipos delitivos protejam o mesmo bem jurídico e que sua estrutura seja a mesma, senão que as normas protejam um bem jurídico semelhante, e que o tipo penal sancione sua lesão como delito comum.[365]

A nosso juízo, essa seria a melhor interpretação para os casos em que o delito anterior é cometido no exterior. Assim, além de ser um dos delitos prévios previstos pelo legislador brasileiro na Lei de Lavagem de dinheiro, também deverá constituir um fato típico e antijurídico no país onde foi cometido, ainda que não exista uma perfeita identidade com a lei penal brasileira, mas o suficiente é que, ao menos, proteja o mesmo bem jurídico.

11.6. Os crimes antecedentes previstos na Lei 9.613/98

Como já expusemos anteriormente, só haverá conduta típica de lavagem se os bens tem origem num dos delitos previstos na Lei de Lavagem de Dinheiro. Diferentemente do espanhol, o legislador brasileiro enumerou taxativamente os crimes que podem dar origem a um delito de lavagem através da menção específica de cada um deles.

11.6.1. Tráfico de drogas

O primeiro delito precedente que a lei dispõe é o de tráfico de entorpecentes ou drogas afins. Novamente nos deparamos com um delito que não se encontra previsto na Parte Especial do Código Penal, pois as disposições contra o tráfico encontravam-se previstas na Lei 6.368, de 21 de outubro de 1976.

---

[365] CARPIO DELGADO, *El delito de blanqueo de bienes*, p. 149.

A nova regulação sobre o tráfico de drogas encontra-se agora na Lei nº 11.343, de 23 de agosto de 2006, e os artigos 33 e 34 da nova Lei de Drogas regulam as condutas incriminadas. No entanto, para a caracterização do delito de lavagem de dinheiro, é necessário que tudo o que seja proveniente do tráfico de drogas (bens, direitos ou valores) seja posto em circulação no mercado econômico ou financeiro e que se oculte sua origem ilícita. Somente assim caracteriza-se o delito de lavagem.[366]

Alguns dispositivos podem gerar dúvidas no momento das condutas tipificadas na nova Lei de Drogas como crime antecedente ao de lavagem de dinheiro. É que novamente o legislador deixou aberto o tipo penal que regula o crime antecedente e torna-se necessário saber o que se encaixa dentro da palavra "tráfico".

No sentido gramatical, tráfico significa trato mercantil, negócio, comércio, negócio clandestino, ilícito, ilegal.[367] Ocorre que em nenhum momento os verbos nucleares do tipo se referem a palavra tráfico quando trata dos crimes previsto na Lei nº 11.343/06. Baltazar Junior, em relação aos arts. 12 e 13 da Lei nº 6.368/76, indica para interpretação do que seja tráfico a aplicação subsidiária da Lei nº 8.072/90, apontando o mesmo problema acima referido, ou seja, de que não há correspondência exata na lei do que seja tráfico.[368]

Assim, considerada uma interpretação restritiva da lei, porque a lei penal deve ser clara, certa e taxativa, não caberia ao intérprete abarcar os delitos insertos dentro do capítulo do tráfico ilícito de drogas por extensão ou ampliação. Isso é vedado em Direito Penal, ao menos para incriminar ou prejudicar o acusado.

Portanto, seria melhor o legislador ter dito que o primeiro delito antecedente ao de lavagem de dinheiro é o previsto nos arts. 33 e 34 da Lei 11.343/06 (antigos arts. 12 e 13 da Lei nº 6.368/76), não deixando margem de dúvidas ou de interpretação e respeitando a funções de segurança e de garantia do tipo penal.

Além disso, uma interpretação restritiva e de acordo com os princípios do Direito Penal veda a ampliação do art. 36 da Lei nº 11.343/06 como crime antecedente ao de lavagem de dinheiro, porque ali trata do financiamento do tráfico ou de seu custeio. Como já referimos, se o legislador quisesse incriminar esta figura como crime

---

[366] BARROS, *Lavagem de dinheiro*, p. 10.

[367] *Dicionário Houaiss da Língua Portuguesa*. Rio de Janeiro: Objetiva, 2001, p. 2746.

[368] BALTAZAR JUNIOR, José Paulo. *Crimes Federais*, p. 410.

antecedente deveria colocá-la explicitamente no rol previsto, porém, uma interpretação analógica ou extensiva fere todos os princípios de garantias do cidadão.

11.6.2. Terrorismo e seu financiamento

O próximo crime que a lei de lavagem estabelece é o de terrorismo e seu financiamento, ou seja, só ocorrerá a lavagem de dinheiro ou bens se esses procederem de um delito de terrorismo, ou, do sujeito que financia as atividades de terrorismo. Como assinalamos anteriormente, o legislador brasileiro não definiu o delito de terrorismo, é dizer, não há uma figura típica de terrorismo.[369] Encontramos menção na Constituição Federal[370] e também na lei que regula os crime hediondos, mas nenhuma delas oferece uma definição desse delito. Assim mesmo, na lei que estabelece os crimes contra a segurança nacional e contra a ordem política e social, o legislador faz menção aos atos de terrorismo, mas tampouco identifica quais são esses atos. Ante a inexistência de uma conceituação da conduta típica de terrorismo tanto os atos semelhantes ou, até o próprio terrorismo, pois estaríamos violando o princípio da reserva legal. Daí a conclusão de que fica inviável a configuração do delito de lavagem derivado do terrorismo.[371] Quando o sujeito pratica atos que na realidade são de terrorismo e com isso obtém dinheiro ou bens, as condutas de omitir ou dissimular a natureza desses não serão tipificadas como lavagem, pois o legislador não definiu o crime precedente, para efeitos de tipicidade, como delito de terrorismo.

A constatação da tipicidade deste figura é importante quando se tratar de do delito cometido em outro país. É que a lei de lavagem brasileira permite o processo e julgamento dos crimes de lavagem ainda quando o delito antecedente tenha sido praticado em outro país. Ocorre que, diferentemente do Brasil, em alguns países existe a incriminação do crime de terrorismo. O problema é que se o crime antecedente praticado em outro país for o de terrorismo e os lavadores julgarem o Brasil um país atraente para investir os valores arre-

---

[369] TERRA OLIVEIRA, *Lei de Lavagem de Capitais*, p. 330; TIGRE MAIA, *Lavagem de dinheiro*, p. 72.

[370] Art. 5º, XLIII, CF, "a lei considerará crimes inafiançáveis e insuscetíveis de graça ou anistia a prática da tortura, o tráfico ilícito de entorpecentes e drogas afins, o terrorismo e os definidos como crimes hediondos, por eles respondendo os mandantes, os executores e os que, podendo evitá-los, se omitirem".

[371] Nesse sentido, TIGRE MAIA, *Lavagem de dinheiro*, p. 72.

cadados, não se configurará o delito de lavagem de dinheiro porque aqui não há a descrição da figura típica. Assim, adotando-se a posição do Supremo Tribunal Federal que concede extradição, dentre outros requisitos, quando houver identidade de infração, esta não haverá na hipótese de lavagem, o que inviabiliza a aplicação da lei em relação ao delito de terrorismo como crime antecedente, praticado dentro ou fora do país.

11.6.3. Contrabando ou tráfico de armas

O inciso III dispõe como crime antecedente ao de lavagem o contrabando ou tráfico de armas, munições ou material destinado à sua fabricação. O delito de contrabando encontra-se previsto no artigo 334 do Código Penal,[372] enquanto em relação ao contrabando de armas foi promulgada uma lei que regulamenta a compra, o uso e a autorização das armas.[373] A razão da inclusão pelo legislador do delito antecedente do tráfico de armas deve-se pelo informe da ONU em que há a informação de que o tráfico de armas proporciona um movimento enorme de dinheiro anualmente, e esses valores ilícitos passam a integrar o sistema econômico do país.

11.6.4. Extorsão mediante seqüestro

O inciso IV estabelece a conduta antecedente da extorsão mediante seqüestro. Esse delito está previsto no artigo 159 do Código Penal,[374] considerado também como crime hediondo.[375] A prática desse crime no Brasil é freqüente, e os valores obtidos com esse tipo de delito, normalmente, ficam sempre dentro do próprio país. Porém, como não existe um controle sobre o destino do dinheiro ou dos bens obtidos, esses acabam por circular livremente como lícitos no mercado financeiro, ou através da aquisição de propriedades. Como nesse tipo de delito o dinheiro provém, muitas vezes, de quadrilhas organizadas, o legislador pretende impedir a utilização desses fun-

---

[372] Art. 334. Importar ou exportar mercadoria proibida ou iludir, no todo ou em parte, o pagamento de direito ou imposto devido pela entrada, pela saída ou pelo consumo de mercadoria.

[373] Lei 9.437, de 20 de fevereiro de 1997.

[374] Art. 159. Seqüestrar pessoa com o fim de obter, para si ou para outrem, qualquer vantagem, como condição ou preço do resgate.

[375] A lei dos crimes hediondos além de aumentar a pena de alguns crimes, restringiu algumas garantias processuais e de execução da pena.

dos obtidos ilicitamente. Assim, se o sujeito oculta ou dissimula os bens provenientes do seqüestro, ocorrerá o delito de lavagem.

11.6.5. *Crimes contra a administração pública*

O inciso V regula como condutas antecedentes "os crimes contra a Administração Pública, inclusive a exigência, para si ou para outrem, direta ou indiretamente, de qualquer vantagem, como condição ou preço para a prática ou omissão de atos administrativos". O tipo penal não está bem redigido, pois o legislador não menciona especificamente quais são os crimes contra a Administração Pública. Em princípio, são os previstos no Título XI do Código Penal (artigos 312 a 359). Na realidade, existe uma quantidade razoável de figuras que tipificam crimes contra a Administração Pública, mas nem todas podem servir de base para a imputação do delito de lavagem.[376]

Há algumas figuras típicas contra a Administração Pública que merecem referência e que podem caracterizar o tipo antecedente exigido pela Lei de Lavagem.É preciso deixar claro que alguns dos crimes só podem ser praticados por funcionário público, e o Código Penal estabelece, para efeitos penais, aqueles que são considerados funcionários públicos.[377]

Por exemplo, sanciona-se a apropriação ou o furto praticado pelo funcionário público dos bens ou dinheiro dos quais tem a posse ou a detenção em razão de sua função. Essa conduta ocorre com freqüência na administração pública onde as transferências de dinheiro ou valores são realizadas diretamente pelos funcionários. A intenção do legislador é no sentido de proteger os bens da Administração, evitando que estes, uma vez subtraídos ou adquiridos de forma ilícita, sejam investidos no mercado financeiro com aparência de licitude. Não mencionaremos todos os delitos, somente aqueles que julgamos mais importantes para o delito de lavagem, como o delito de corrupção. Assim, sanciona-se o funcionário público que exige vantagem indevida em razão da função que exerce. Consideramos acertada a preocupação do legislador em estabelecer este delito como antecedente ao de lavagem, tendo em vista o fato de que muitos funcionários que exercem uma função pública recebem dinheiro

---

[376] BARROS, *Lavagem de dinheiro*, p. 19.

[377] O artigo 327 CP estabelece que "considera-se funcionário público, para os efeitos penais, quem, embora transitoriamente ou sem remuneração, exerce cargo, emprego ou função pública".

e bens das organizações criminosas e têm facilidades de reingressá-los no mercado econômico com aparência de licitude. Tal fato demonstra-se através da quantidade de funcionários implicados com organizações criminosas, inclusive, recebendo dinheiro para proteção e manutenção destes grupos. Existem, ainda, outros exemplos como o jogo do bicho, onde se descobriu que alguns funcionários que exercem a função pública oferecem proteção às organizações que mantêm estes jogos e, em troca, recebem grandes quantidades de dinheiro que circulam no mercado econômico sem um controle.

A facilitação por parte do funcionário do crime de contrabando também está no rol dos crimes antecedentes ao de lavagem. O Brasil faz fronteira com vários países, onde se sabe que ingressam grandes quantidades de armas, drogas e dinheiro. Ademais, muitas pessoas possuem atividades financeiras nos países vizinhos, que permitem tais operações em dólares. Por isso, a lei reflete a preocupação do legislador em limitar o trânsito de mercadorias sem o pagamento da tributação exigida. Como a fiscalização é feita por funcionários públicos (polícia federal), se estes contribuem para contrabando, tendo consciência de que o dinheiro obtido ilicitamente será ocultado ou dissimulado ou se participam de uma organização com esta finalidade, realizam atos de lavagem previstos na Lei.

11.6.6. Crimes contra o Sistema Financeiro Nacional

O inciso VI tipifica os crimes contra o sistema financeiro nacional, os quais tampouco estão regulados no Código Penal, senão na Lei 7.492, de 16 de junho de 1986. De acordo com a Lei de Lavagem, a ocultação ou dissimulação de bens, direitos e valores obtidos em conseqüência de crimes praticados contra o Sistema Financeiro Nacional configura o delito de lavagem. Vale a pena recordar que o Sistema Financeiro Nacional está composto pelo conjunto de atividades executadas pelas instituições financeiras, e estas, por sua definição legal,[378] são as pessoas jurídicas de direito público ou privado, que tenham como atividade principal ou secundária a captação, mediação, ou aplicação de recursos financeiros de terceiros, em moeda nacional ou estrangeira, ou a custódia, emissão, distribuição, negociação, mediação, ou administração de valores mobiliários. Ademais, as instituições financeiras equiparam-se: a) à pessoa jurídica que capte ou administre seguros, câmbio, consórcio, capitalização ou qualquer

---

[378] Este é o conceito contido no artigo 1º da Lei nº 7.492/86.

tipo de poupança, ou recursos de terceiros; b) à pessoa natural que exerce qualquer atividade acima mencionada, ainda que de forma eventual. Não mencionaremos todas as figuras típicas contidas na Lei 9.472, pois, no total, são 21 tipos penais, mas vale esclarecer que um dos bens tutelados pela Lei de Lavagem de dinheiro é a própria segurança do sistema financeiro nacional, logo, qualquer dos crimes praticados contra o sistema financeiro pode ser considerado antecedente ao de lavagem. Entretanto, não se pode ficar longe do núcleo da lavagem – ocultação ou dissimulação – pois, somente com a realização de uma operação que oculte a origem ilícita dos bens, direitos ou valores é que se pode afirmar que o delito de lavagem existiu.

11.6.7. Crimes praticados por uma organização criminosa

Pode-se afirmar que uma das características do Direito Penal moderno é a evolução de uma criminalidade associada ao indivíduo isolado até uma criminalidade desenvolvida por estruturas de modelo empresarial. Dentro desta evolução, a criminalidade organizada se dirige fundamentalmente a obtenção de importantes benefícios econômicos. A expansão internacional da atividade econômica e a abertura ou globalização dos mercados são acompanhados da correlativa expansão ou globalização da criminalidade, que freqüentemente apresenta um caráter transnacional, podendo-se afirmar que a criminalidade organizada é a da globalização.[379]

Cancio Meliá assinala que os delitos relacionados com as *associações ilícitas* – e, dentro destas, de modo específico as infrações de pertencer a uma organização terrorista – estão hoje num momento de franca expansão, ao menos em toda a Europa. Esta evolução tem lugar em um marco geral em que uma legislação puramente simbólica e impulsos punitivistas se potencializam mutuamente cada vez com maior intensidade, desembocando em uma expansão quantitativa e qualitativa do Direito Penal.[380]

Neste contexto, um dos fenômenos que mais produziu comentários e discussões foi o da criminalidade organizada ou por gru-

---

[379] CHOCLÁN MONTALVO, José Antonio. *La organización criminal. Tratamiento penal y procesal.* Madrid: Dykinson, 2000, p. 1; IGLESIAS RÍO, Miguel Angel. "Criminalidad organizada y delincuencia económica". Aproximación a su incidencia global. *Criminalidad Organizada y Delincuencia Económica.* Bogotá: Ediciones Jurídicas Gustavo Ibañez Ltda, 2002, p. 15.

[380] CANCIO MELIÁ, Manuel. El injusto de los delitos de organización: peligro y significado, em *Política Criminal, Estado e Democracia.* Rio de Janeiro: Lúmen Juris, 2007, p. 150.

pos organizados que praticam determinados delitos. Assim, houve uma crescente preocupação da sociedade a respeito deste tipo de delinqüência, sobretudo pela violência e pelos sofisticados meios utilizados na comissão de diferentes delitos, fato este que se refletiu em novas medidas de prevenção e repressão para a delinqüência organizada.[381]

Porém, técnica para a redação desse dispositivo incriminador como crime antecedente ao de lavagem de dinheiro não foi a mais feliz, é dizer, faltou clareza ao legislador na hora de definir o que se incrimina, ferindo-se, frontalmente, o princípio da taxatividade dos tipos penais. Evidentemente que não se desconhece a possibilidade da edição de tipos abertos, cada vez mais criticados pela doutrina,[382] mas, utilizados reiteradamente por nossos legisladores, como ocorreu, por exemplo, em vários dispositivos da Lei nº. 7.492/86, que define os crimes contra o Sistema Financeiro Nacional.

Note-se que ao elaborar um tipo penal dessa natureza (organização criminosa), ou legislador olvidou-se de outros postulados básicos que servem de garantia ao cidadão, isto é, deixou de lado a garantia máxima de descrever de forma mais precisa possível a conduta que se está incriminando (taxatividade)[383] e, por via reflexa, ferindo, também, a própria legalidade penal.

O inciso VI do art. 1º da Lei 9.613/98 busca coibir a prática de crime praticado por organização criminosa, muito embora não se diga mais nada a respeito do que seja dita organização, sendo um tipo penal amplíssimo, que permite abarcar uma série de condutas.

A tendência moderna do Direito Penal é cada vez menos utilizar este tipo de redação, onde a conduta realizada (tipo aberto) deverá ser verificada posteriormente, através de uma decisão judicial, onde se fala em que haveria propriamente o "fechamento" do tipo penal, como ocorre nos tipos penais culposos. Nos tipos abertos não se infere por completo, mas parcialmente, os elementos do injusto da correspondente classe de delito, e o resto deve ser completado

---

[381] PLANET ROBLES, Sílvia. Políticas de seguridad y prevención en el Estado español en matéria de delincuencia organizada. *La seguridad en la sociedad del riesgo. Un debate abierto.* Barcelona: Atelier, 2003, p. 155.

[382] RODRÍGUEZ MOURULLO, Gonzalo. *Derecho Penal. Parte General.* Madrid: Civitas, 1978, p. 287, assinala que a introdução de cláusulas gerais nos tipos penais constitui uma técnica legislativa recusável.

[383] Ver a respeito da taxatividade, PITOMBO, Antônio Sérgio de Moraes. Considerações sobre o Crime de Gestão Temerária de Instituição Financeira. *Direito Penal Empresarial.* São Paulo: Dialética, 2001, p. 51.

mediante elementos positivos da antijuridicidade que estão fora do tipo, ou, seja, são aqueles em que "falta um guia objetivo para completar o tipo", de tal modo que, praticamente, não se pode fazer uma distinção entre comportamento proibido e permitido.[384] Porém, os tipos abertos devem ser afastados, pois se o tipo se concebe como classe de injusto, somente pode ser imaginado como "fechado", porque em outro caso lhe faltaria a característica própria do tipo.[385]

Ocorre que estas cláusulas abertas como o tipo penal que prevê a organização criminosa, supõe uma desmedida amplitude e incorreção do preceito que contem.[386] Assim, a redação de tipos penais abertos como o de organização criminosa choca frontalmente com os princípios básicos do Direito Penal e que também se encontram reconhecidos na Constituição Federal, como é o caso da legalidade.[387] O termo utilizado pelo legislador também entra em contradição com os princípios de segurança e de taxatividade jurídicas, já que deste modo supõe que o julgador tenha que penalizar qualquer comportamento que tenha como finalidade a prática de determinado crime pela união estável de um grupo de pessoas organizadas hierarquicamente, sem, ao menos, deixar claro o que seja tal organização, aliás problemática afeita aos tipos penais abertos.

Giacomolli refere que a defesa de um direito penal com tipos abertos, difusos, indeterminados, ou com normas penais dependentes de uma normatividade integradora (normas penais em branco), ou de um regramento judicial, são características de um Direito Penal autoritário e demasiadamente repressivo, inadmissível no atual estado de desenvolvimento da civilização.[388]

---

[384] JESCHEK, Hans-Heinrich. *Tratado de Derecho Penal. Parte General*. 4ª ed. Traducción de José Luis Manzanares Samaniego. Granada: Editorial Comares, 1993, p. 223. Ver sobre o tema, ROXIN, Claus. *Derecho Penal. Parte General. Tomo I*. Traducción de Diego-Manuel Luzón Peña, Miguel Díaz y García Conlledo y Javier de Vicente Remesal. Madrid: Civitas, 1997, p. 298 e ss.

[385] JESCHEK, Hans-Heinrich, op. cit., 223.

[386] DIEZ RIPOLLÉS, José Luis. Alternativas a la actual legislación de drogas. *Cuadernos de Política Criminal*. Madrid, n° 46, 1992, p. 78; MUÑOZ CONDE, Francisco. *Derecho Penal. Parte Especial*. 11ª ed. Valencia: Tirant lo blanch, 1996, p. 569, faz uma crítica referente a outros tipos penais que se utilizam de cláusulas abertas.

[387] Nesse sentido, RODRÍGUEZ MOURULLO, Gonzalo, op. cit., p. 286, refere que todo o tipo aberto supõe uma sensível limitação ao princípio da legalidade. Sobre o princípio da legalidade, BACIGALUPO, Enrique. *Princípios de derecho penal*. 5ª ed. Madrid: Akal, 1998, p. 55 e ss.; LUZÓN PEÑA, Diego-Manuel. *Curso de Derecho Penal. Parte General*. Madrid: Universitas, 1996, p. 81; MIR PUIG, Santiago. *Derecho Penal. Parte General*. 4ª ed., Barcelona: PPU, p. 75 e ss.

[388] GIACOMOLLI, Nereu José. Função Garantista do Princípio da Legalidade. *Revista Iberoamericana de Ciências Penais*. Coordenação de André Luís Callegari, Nereu José Giacomolli e Pedro Krebs. Porto Alegre, n°. 0, p. 41-55, mai.-ago., 2000; Também em GIACOMOLLI, Nereu

Ademais, parece-nos que muitas vezes nos olvidamos de que o princípio da legalidade penal e, através dele, o valor da segurança jurídica, vinculam de modo diferente o legislador e o juiz. O legislador deve descrever as condutas penalmente ilícitas com precisão, não só para legitimar em abstrato o seu trabalho, mas também – dado que o próprio sistema se dota de mecanismos vinculantes para garantir a vigência de seus princípios – para a própria operatividade da norma emanada. Uma norma imprecisa que cause danos à segurança jurídica de seus destinatários será inconstitucional e não deverá ser aplicada pelo juiz, porque faltará a tipicidade do comportamento analisado. Por sua vez, o juiz fica vinculado pelas fronteiras da lei penal, sem que lhe seja permitido castigar fora das previsões legislativas, ainda que considere pessoalmente que o comportamento em questão é lesivo e reprovável e que esta consideração corresponde as vigentes valorações sociais.[389]

Nessa linha de argumentação, afirma Giacomolli que a descrição legislativa das condutas e das sanções deve ser clara, precisa e cognoscível, delimitadora da tipicidade e do subjetivismo dos operadores jurídicos, principalmente do órgão jurisdicional, informada pelo adágio *nullun crimen, nulla poena sine lex certae* (taxatividade).[390]

Ocorre que o inciso VI estabelece como crime precedente aquele praticado por organização criminosa previsto na Lei n° 9.034/95. A doutrina dominante considera que na prática é difícil ou quase impossível a aplicação desse preceito, já que não se oferece uma definição de organização criminosa.[391] O Código Penal brinda uma denominação para os crimes praticados por quadrilha ou bando, mas que não coincide com a que o legislador pretendeu dar em relação à organização criminosa.[392] É certo que o legislador, quando elabo-

---

José. O princípio da legalidade como limite do *ius puniendi* e proteção dos direitos fundamentais. *Direito Penal em Tempos de Crise*. Porto Alegre: Livraria do Advogado Editora, 2007, p. 163 e ss.

[389] RODRÍGUEZ MOURULLO, Gonzalo. *Delito y pena em la jurisprudencia constitucional*. Madrid: Civitas, 2002, pp. 25/26.

[390] GIACOMOLLI, Nereu José, op. cit., p. 49.

[391] RIZZO CASTANHEIRA, "Organizações criminosas no Direito Penal Brasileiro: o estado de prevenção e o princípio da legalidade estrita", *RBCCrim*, n. 24, 1998, p. 112, assinala que o legislador não atuou com precisão e respeito ao princípio da legalidade, ao promulgar a Lei 9.034/95, não definiu nela o que é uma organização criminosa e, tampouco, determinou uma pena para dita organização; BARROS, *Lavagem de dinheiro*, p. 28; TERRA DE OLIVEIRA, *Lei de Lavagem de Capitais*, p.332. Contra, TIGRE MAIA, *Lavagem de dinheiro*, p. 78.

[392] RIZZO CASTANHEIRA, *op. cit.*, p. 113, assinala que para que existisse na legislação penal brasileira o conceito de organização criminosa seria necessário mutilar o princípio da legalidade, ou por uso de analogia – buscando conceito de quadrilha ou bando – ou por acolhimento

rou o projeto da lei, tentou conceituar a organização criminosa como "uma organização que pela suas características demonstre a existência de estrutura criminal, operando de forma sistematizada, com atuação regional, nacional ou internacional". O legislador não manteve este conceito e, com isto, ficamos sem saber, precisamente, o que significa uma organização criminosa para efeitos penais. Isto tem influência negativa com relação ao crime de lavagem, pois nos casos de organizações criminosas a lei faz menção a uma regra de conceito genérico, sem especificar ou esclarecer o tipo penal antecedente para efeitos de caracterização da lavagem.[393] Isso significa que, em princípio, toda infração penal praticada por organização criminosa que represente uma soma de patrimônio de seus membros e que seja objeto de operação ou transação utilizada para ocultar ou dissimular a origem ilícita, configura o crime de lavagem. Entretanto, como não existe uma definição específica do que é uma organização criminosa, só haverá o delito de lavagem se ocorrer também outro dos delitos enumerados na lei e praticados por dita organização.

Além disso, se emprestarmos validade ao tipo penal aberto de organização criminosa como crime antecedente ao de lavagem, praticamente podemos esvaziar o rol dos crimes antecedentes que é taxativo. Dito de outro modo, é que se aceitamos que a organização criminosa se preste, por si só, como tipificadora do delito antecendente ao de lavagem, podemos colocar dentro deste tipo qualquer crime praticado por um número de pessoas, mais ou menos estáveis, que se uniram com um fim comum delituoso. Nesse sentido, qualquer delito praticado por esta "organização criminosa" seria crime antecedente ao de lavagem, ainda que o crime praticado não fosse o previsto no rol dos crimes antecentes.

Insistimos que esse tipo penal aberto é perigoso e pode dar uma elasticidade na hora de abarcar as condutas incriminadas porque tudo poderá ser abarcado, dependendo do que entenda o juiz na hora de fechar o tipo, isto é, dependerá de interpretação judicial se a

---

de uma norma determinada, sujeita à elaboração judicial. Nesta última perspectiva restaria ao juiz, partindo de uma associação, estabelecer quais são os componetes característicos que aquela específica associação tem como organização criminosa. Adverte a autora que ambas as hipóteses são inaceitáveis. O princípio da legalidade proíbe a analogia, entendida como aplicação de uma regra jurídica a um caso que não está regulamentado por ela, sob o argumento de semelhança ou por aproximação. O uso de analogia quanto à criação judicial, na verdade, faz letra morta do princípio da legalidade. São formas de aplicação elástica da lei penal contra a liberdade individual.

[393] Ver RIZZO CASTANHEIRA, "Organizações criminosas no Direito Penal Brasileiro: o estado de prevenção e o princípio da legalidade estrita", *RBCCrim*, n. 24, 1998, p. 117.

conduta antecedente, embora não se insira no rol taxativo de um dos crimes previstos na lei, poderá entrar pela prática da organização criminosa. A título de exemplo: sabemos que o delito de roubo, mesmo gerando valores que podem ser lavados, não se encontra dentro do rol taxativo dos crimes antecedentes que permitem a posterior lavagem. Porém, se o roubo for cometido através de uma organização criminosa poderia ser considerado crime antecedente ao de lavagem e punido pela Lei 9.613/98.

Nesse sentido é que reside o perigo dos tipos abertos, principalmente quando podem abrir o rol dos crimes antecedentes previstos na Lei de Lavagem de Dinheiro, porque, dependendo da interpretação que se dê a comissão do delito anterior, claro, praticado por várias pessoas, ainda que não se encontre como antecedente ao de lavagem, poderá tipificar a conduta antecedente de outro modo, ou seja, através da organização criminosa.

Atualmente existe posição doutrinária no sentido de que é possível a incriminação da organização criminosa através do conceito oferecido pela Convenção de Palermo,[394] ao menos para os delitos aos quais é aplicável a convenção.[395]

Ainda que o Brasil tenha aprovado a Convenção de Palermo e assim ela tenha ingressado em mosso ordenamento jurídico, seguimos com a posição de que a incriminação continua vaga e imprecisa, sem estabelecer os contornos necessários para que se possa elucidar o que seria a dita "organização criminosa".

Além disso, mesmo que tenha ingressado em nosso ordenamento jurídico, nunca é demais recordar que as normas devem ser interpretada a partir da Consituição Federal e ali se encontra inserto o princípio da legalidade que trás, como corolário lógico o princípio da taxatividade. Isso significa que a própria Constituição Federal não admite preceitos incriminadores vagos e imprecisos, que não

---

[394] Ver a Recomendação nº 3, de 30 de maio de 2006 do Conselho Nacional de Justiça, onde consta: 2. Para os fins desta recomendação, sugere-se: a) a adoção do conceito de crime organizado estabelecido na Convenção das Nações Unidas sobre Crime Organizado Transnacional, de 15 de novembro de 2000 (Convenção de Palermo), aprovada pelo Decreto Legislativo nº 231, de 29 de maio de 2003 e promulgada pelo Decreto nº 5.015, de 12 de março de 2004, ou seja, considerando o "grupo criminoso organizado" aquele estruturado, de três ou mais pessoas, existente há algum tempo e atuando concertadamente com o propósito de cometer uma ou mais infrações graves ou enunciadas na Convenção das Nações Unidas sobre o Crime Organizado Transnacional, com a intenção de obter, direta ou indiretamente, um benefício econômico ou outro benefício material.

[395] BALTAZAR JUNIOR, José Paulo. *Crimes Federais*. Porto Alegre: Livraria do Advogado Editora, 2006, p. 412.

descrevam adequadamente a conduta incriminadora, porque num Estado de Direito deve-se preservar as garantias do cidadão, dentre as quais se encontra a de saber, com clareza, com a conduta incriminada pela norma penal.

11.6.8. Crimes praticados por particular contra a Administração Pública Estrangeira

De acordo com Baltazar Junior, os crimes contra a administração pública estrangeira são objeto do Capítulo II-A do Título XI do Código Penal, introduzido pela Lei n° 10.467/2002, como resultado de projeto de lei oriundo do Poder Executivo que incrimina a corrupção ativa e o tráfico de influência em transação comercial internacional e define o funcionário público estrangeiro. As introduções de tais dispositivos no Código Penal decorre de compromisso assumido pelo Brasil no plano internacional, ao firmar a Convenção sobre o Combate da Corrupção de Funcionários Públicos Estrangeiros em Transações Comerciais, concluída em Paris, em 17 de dezembro de 1997, e promulgada pelo D. 3.678. de 30 de novembro de 2000.[396]

Enfim, estes são os delitos considerados antecedentes que devem estar provados para que exista o delito de lavagem. Como já mencionamos, o rol destes delitos é taxativo e isso significa que a ocultação ou dissimulação proveniente de qualquer outro delito, ainda que grave, não caracteriza o delito de lavagem no Brasil.

---

[396] BALTAZAR JUNIOR, José Paulo. *Crimes Federais*, p. 412.

12. As condutas típicas: o tipo subjetivo

12.2. O tipo subjetivo no Direito Penal brasileiro

12.2.1. O dolo direto

O artigo 1º da Lei 9.613/98, em relação ao tipo subjetivo, utiliza as expressões "ocultar" e "dissimular", com referência à origem delitiva dos bens. O tipo expressamente menciona "ocultar ou dissimular a natureza, origem, localização, disposição, movimentação ou propriedade de bens, direitos ou valores provenientes, direta ou indiretamente, dos seguintes crimes".[397]

Em primeiro lugar, cabe dizer que a lei brasileira não menciona a modalidade culposa, pois todos os crimes são dolosos. O legislador brasileiro não estabeleceu a figura culposa para o delito de lavagem de dinheiro. Ademais, o Código Penal brasileiro adota o sistema taxativo (*numerus clausus*) para a incriminação da culpa, é dizer, os tipos que permitem a comissão culposa estão expressamente previstos na Parte Especial do Código.[398] Assim, ainda que os tipos sobre lavagem não estejam contidos no Código, seguem as mesmas regras contidas na Parte Geral deste, ou seja, só admitiriam a comissão culposa se houvesse a previsão expressa pelo legislador.[399]

---

[397] A lei brasileira enumera taxativamente os crimes precedentes, diferentemente do que faz o tipo de lavagem no Código penal espanhol que estabelece que os bens devem ter origem nos delitos graves.

[398] ASSIS TOLEDO, *Princípios Básicos de Direito Penal*, p. 289, fala da exceção dos crimes culposos no CP brasileiro e, quando o legislador os julga necessário os prevê, na Parte Especial, depois da modalidade dolosa.

[399] MIRABETE, Manual de Direito Penal, PG, p. 145, nesse sentido menciona que nos termos do parágrafo único do artigo 18 CP, os crimes são, em regra, dolosos. Só ocorrerá o crime culposo quando o fato seja expressamente previsto na Lei em sua modalidade culposa; HUNGRIA, Comentários ao Código Penal, p. 207, no mesmo sentido assinala que a punibilidadde

Portanto, o autor deve ter consciência de que está ocultando ou dissimulando dinheiro, bens ou valores cuja procedência saiba que está relacionada com os crimes previstos nos incisos I a VII do artigo 1° da Lei de Lavagem (tráfico, terrorismo, contrabando de armas, etc.). Em todas as operações que o autor realize deve saber que concorre para a prática de lavagem de dinheiro.

Um setor da doutrina faz referência que os elementos subjetivos do tipo admitem o dolo direto e o dolo eventual, e sustentam esta posição porque a lei não faz restrições quanto ao âmbito da intenção, e assim o que importaria é saber se existe a consciência sobre a ilicitude e sobre a origem criminosa do dinheiro que será lavado.[400] Essa posição não nos parece a mais correta, já que não é possível o autor cometer o delito apenas com a probabilidade de que estes provenham de um dos crimes enumerados na Lei de Lavagem. De toda a forma é preciso que o autor conheça o carácter ilícito de sua conduta e saiba que os bens possuem procedência ilícita e, além disso, que são os enumerados na Lei.

Ainda que o legislador brasileiro não tenha feito menção específica no tipo do artigo 1° da lei, quanto ao conhecimento da origem ilícita dos bens, fez menção direta aos crimes dos quais os bens são provenientes. Por isso, só existe a possibilidade do delito de lavagem se o autor dissimula a natureza, origem, localização, disposição dos bens, quando saiba que estes provêm dos crimes antecedentes previstos na Lei. O dolo deve estar dirigido a esta conduta, ou seja, o autor atua porque conhece a origem criminosa dos bens e porque quer lhes dar aparência de licitude.[401]

A doutrina brasileira não se pronunciou a respeito se são considerados elementos subjetivos do tipo ou do injusto. Se adotamos a posição de que o legislador está exigindo expressamente na redação do preceito que a atuação do sujeito esteja dirigida à consecução de uns fins (ocultar, dissimular etc.), que atue com uma intenção específica, ao não estar esta contida dentro do tipo objetivo, não se pode considerar como parte integrante do dolo. Portanto, esta intenção de ocultar ou encobrir a origem delitiva dos bens ou de ajudar aos intervenientes no delito prévio a elidir as conseqüências jurídicas de seus atos, constituem elementos subjetivos do tipo de injusto dis-

---

a título de culpa tem caráter excepcional. Como exceção à regra geral da punibilidade a título de dolo, a punibilidade a título de culpa só é reconhecível nos casos expressos.

[400] TERRA DE OLIVEIRA, p.327; Contra, TIGRE MAIA, *Lavagem de Dinheiro*, p. 86.

[401] Nesse sentido, TIGRE MAIA, *Lavagem de Dinheiro*, p. 86.

tintos do dolo, que, utilizando a doutrina espanhola,[402] servem para fundamentar a transcendência jurídico-penal da atuação do sujeito ativo.

A conduta do sujeito deve estar dirigida à ocultação ou dissimulação da natureza, origem, localização, disposição, movimento ou propriedade dos bens provenientes dos crimes enumerados na Lei de Lavagem, o que significa, em princípio, que só é possível o dolo direto nestas condutas. Não consideramos que o sujeito, na comissão destes delitos, possa ser indiferente sobre a ocultação ou dissimulação dos bens sobre os quais vai atuar, porque os bens têm que ser provenientes dos crimes expressamente enumerados, o que significa que o sujeito atua com uma finalidade específica. Nos casos de dúvida do sujeito, pode ocorrer o erro ou a culpa que seria atípica no Brasil, pois, como já afirmamos, não existe a comissão culposa destes delitos.

12.2.2. O momento do conhecimento

O momento do conhecimento deve ocorrer, a nosso juízo, no momento da consumação do delito previsto na lei, ou seja, no momento em que o sujeito atua para realizar uma das atividades típicas descritas no verbo do tipo, porque o ele tem que saber que os bens procedem de um dos delitos expressamente enumerados na Lei e, ainda que saiba antes da realização do delito prévio, só haverá delitos de lavagem quando o sujeito realizar uma das atividades descritas no tipo do artigo 1º da Lei de Lavagem. Por exemplo, ainda que o sujeito tenha conhecimento da comissão de um delito de tráfico de drogas, só ocorrerá a atividade de lavagem quando o sujeito ocultar o dinheiro proveniente desse delito.

Na legislação brasileira, não se utilizou as expressões "sabendo" ou "a sabiendas" como o fez o legislador espanhol, já que o tipo só faz menção aos verbos "ocultação" ou "dissimulação" da procedência dos bens, o que permite concluir que nesses casos só cabe o dolo direto.[403] Assim, o autor dos fatos tem que ter o conhecimento absoluto da procedência dos bens, conhecendo com exatidão que estes tiveram sua origem num dos delitos expressamente previstos pela lei e, além disso, sua conduta deve estar dirigida a esta finalidade. Se o sujeito na comissão do delito não tem certeza absoluta, senão

---

[402] CARPIO DELGADO, *El delito de blanqueo de bienes en el nuevo Código Penal*, p. 294.

[403] Nesse sentido, TIGRE MAIA, *Lavagem de Dinheiro*, p. 86.

que só se representa como provável que os bens têm uma origem delitiva, não se pode condenar pelo artigo 1º da Lei de Lavagem. O artigo exige que o autor dos fatos tenha que atuar com alguma das finalidades previstas legalmente, é dizer, seja a de ocultar ou dissimular a origem criminosa dos bens. No caso da modalidade prevista no artigo 1º da Lei de Lavagem, o sujeito tem que realizar a conduta típica para "ocultar ou dissimular a natureza, origem, localização, disposição, movimentação ou propriedade" dos bens provenientes dos crimes antecedentes expressamente previstos na Lei 9.613/98, e assim fica claro que o conteúdo deste elemento subjetivo exige que o sujeito tenha conhecimento da procedência delitiva dos bens na medida em que atua para ocultar tal qualidade. Portanto não é possível a comissão por dolo eventual, já que não se pode afirmar que o sujeito atua para ocultar a origem delitiva dos bens sobre a base só da probabilidade de que estes tiveram uma origem delitiva.

O mesmo ocorre na modalidade prevista no artigo 1º, § 2º, inciso I da Lei de Lavagem, pois o tipo menciona que "incorre na mesma pena quem: I – utiliza, na atividade econômica ou financeira, bens, direitos ou valores que sabe serem provenientes de qualquer dos crimes antecedentes referidos neste artigo".

Como o legislador empregou a expressão "que sabe serem provenientes", é preciso para a tipificação do delito que o sujeito conheça a origem criminosa dos bens e, ademais, que estes tenham sua origem em um dos previstos na Lei de Lavagem. O legislador não deixa dúvidas de que deve existir um juízo de certeza sobre a origem dos bens para que o autor cometa a modalidade prevista no § 2º.

Tampouco há diferença na modalidade prevista no artigo 1º, § 2º, inciso II, da Lei, pois o tipo estabelece expressamente que incorre na mesma pena quem "participa de grupo, associação ou escritório tendo conhecimento de que sua atividade principal ou secundária é dirigida à prática de crimes previstos nesta Lei". Novamente, há uma expressão que exige o conhecimento do autor para a configuração do delito, pois o legislador empregou o termo "tendo conhecimento", quer dizer, a hipótese só é factível se o autor dos fatos sabe que trabalha ou participa de um grupo em que a atividade é destinada a lavar dinheiro proveniente dos delitos previstos na lei.

De acordo com estas considerações, o dolo exigível nas modalidades de lavagem de bens contidas no artigo 1º e seus parágrafos, deve ser o direto. O autor que tem a finalidade de ocultar ou dissimular ou que utiliza bens que sabe que são provenientes ou ainda que participa de grupo ou associação destinados aos crimes previsto na lei de lavagem, deve abarcar em sua vontade a realização de tais condutas, pelo menos como conseqüência necessária de seu atuar, ainda que não as deseje.

12.2.3. O erro na lei brasileira

O Código Penal brasileiro confere o mesmo tratamento ao erro de tipo e de proibição que o Código Penal espanhol. O artigo 20 CP brasileiro dispõe que "o erro sobre elemento constitutivo do tipo legal do crime exclui o dolo, porém permite a punição por culpa se houver previsão legal".

As considerações feitas a respeito do erro na doutrina espanhola têm aplicação ao Direito Penal do Brasil. Utilizaram-se as mesmas teorias e as mesmas conseqüências para os casos de erro.[404] Portanto, há erro de tipo quando alguém, na comissão de um fato, desconhece uma circunstância que pertence ao tipo legal. O erro de tipo ocorre quando o agente não sabe que está realizando um tipo objetivo, porque se enganou a respeito de um dos seus elementos e assim não atua dolosamente. São casos em que há tipicidade objetiva, mas não há subjetiva por estar ausente o dolo.[405] A divisão feita pela doutrina brasileira também é a mesma. Assim, existe o erro de tipo essencial e o acidental.[406] O erro de tipo essencial é aquele que se dá sobre os elementos sem os quais não ocorreria a correspondente figura típica do delito, nem em seu tipo básico. Também, em nossa legislação, o erro pode apresentar-se nas formas de invencível ou vencível. A doutrina fala de erro invencível quando não pode ser evitado ainda que o sujeito tomasse o cuidado devido ou observasse a diligência exigida ou também quando qualquer pessoa, empregando a diligência exigida pelo ordenamento jurídico, e nas condições em que se encontrava o sujeito, também incidiria em erro.[407] O erro vencível

---

[404] MIRABETE, *Manual de Direito Penal 1*, PG, p. 161; FRAGOSO, *Lições de Direito Penal*, PG, p. 182; ASSIS TOLEDO, *Princípios Básicos de Direito Penal*, p. 267; DE JESUS, *Direito Penal*, PG, p. 265, SILVA FRANCO, *Código Penal e sua Interpretação Jurisprudencial*, v. 1, tomo I, PG, p. 306 y ss.; DELMANTO, *Código Penal Comentado*, p.. 34 y ss.; ZAFFARONI; PIERANGELI, *Manual de Direito Penal Brasileiro*, PG, p. 493.

[405] MIRABETE, *Manual de Direito Penal 1*, PG, p. 161.

[406] DE JESUS, *Direito Penal*, PG, p. 268; MIRABETE, *Manual de Direito Penal*, PG, p. 163; ASSIS TOLEDO, *Princípios Básicos de Direito Penal*, p. 268.

[407] DE JESUS, *Direito Penal*, PG, p. 268.

ocorre quando o sujeito não toma o cuidado devido ou as cautelas exigidas no caso concreto.

As conseqüências jurídicas do erro de tipo encontram-se no artigo 20 do CP. Se o autor desconhece um dos elementos constitutivos do tipo haverá sempre a exclusão do dolo, restando a possibilidade da comissão culposa se o erro for vencível e quando existir a previsão daquela. Ocorre que na Lei de Lavagem não há previsão culposa, logo, se há um erro vencível, o autor ficará impune, porque, diferentemente do que dispõe a legislação espanhola, que fez menção a comissão culposa do delito de lavagem, o legislador no Brasil não previu a hipótese de culpa, o que significa que nos casos de erro de tipo vencível o sujeito deverá ficar impune.

Portanto, para que se possa incriminar o autor pelo delito de lavagem é necessário que ele conheça os elementos que configuram o tipo objetivo e que tenha vontade de realizá-lo, pois pode que atue sem o conhecimento de alguns dos elementos do tipo. Com referência ao delito de lavagem de bens tem importância o problema que se coloca quando o sujeito desconhece que os bens sobre os quais vai realizar qualquer das condutas típicas têm sua origem num dos delitos prévios da Lei 9.613/98. De fato, isto tem importância, porque no âmbito do delito de lavagem os casos mais relevantes de erro se darão nas hipóteses da origem dos bens, pois dificilmente ocorrerá um caso em que o sujeito realize uma conduta sem saber o que está fazendo.[408]

Como já fizemos referência, a consciência por parte do autor de que os bens procedam de um delito prévio é um elemento normativo do tipo, na medida em que, para que o sujeito o conheça, necessita realizar previamente um processo de valoração, porque nas circunstâncias normativas do fato o conhecimento pressupõe uma compreensão intelectual e sem essa compreensão ou valoração faltará o dolo.[409] Mas esta valoração ou compreensão intelectual dos elementos normativos que caracterizam o dolo típico nos delitos da lavagem não significa uma subsunção jurídica exata nos conceitos empregados pela lei, senão que basta que o conteúdo de significado social do sucesso incriminado aludido com esses conceitos se abra à compreensão do sujeito. Por isso a doutrina refere-se a uma "valoração paralela na esfera do profano" e tal "valoração paralela"

---

[408] CARPIO DELGADO, *El delito de blanqueo de bienes en el nuevo Código penal*, p. 321.

[409] ROXIN, *Derecho Penal*, PG, Tomo I, p. 460.

corresponde-se com o conhecimento necessário para o dolo.[410] Nos casos do delito de lavagem de bens, o referido conhecimento é com relação à prévia comissão de um dos delitos enumerados no artigo primeiro da Lei 9.613/98.

Portanto, quando o sujeito atua desconhecendo ou ignorando que os bens sobre os quais recai sua conduta têm sua origem num delito previsto na Lei 9.613/98 ou, pelo menos, admite por erro que não procedem da comissão de um delito previsto na Lei de Lavagem, estaria atuando em erro de tipo.[411] As conseqüências desta conduta são as seguintes: a) se o erro é invencível, o sujeito não responde pelo delito, pois fica excluído o dolo e tudo o mais (culpa); b) se o erro é vencível, tampouco o sujeito responde, já que a forma de comissão culposa não está prevista na Lei 9.613/98, o que deixaria o sujeito impune. Assim, quando o potencial lavador supõe que os bens sobre os quais vai atuar são de origem legal, quando na realidade procedem de um delito prévio previsto na Lei de Lavagem, ocorre o erro de tipo que exclui o dolo. No caso de ser vencível o erro, não existe conseqüência jurídica, pois, como já mencionamos, não há previsão legal para a comissão culposa de lavagem na lei brasileira.

Não abordaremos o erro de proibição porque consideramos que nos casos de lavagem o que pode ocorrer com freqüência é o erro de tipo, levando-se em consideração que, normalmente, o sujeito desconhecerá um dos elementos do tipo do delito antecedente previstos na Lei. Isso significa que quando vai atuar, é dizer, vai realizar uma das condutas descritas na Lei de Lavagem, sabe que o que faz é proibido, o que pode não saber é que a origem dos bens sobre os quais atua procede de um delito prévio previsto na Lei, o que significa o desconhecimento de um dos elementos constitutivos do tipo, isto é, desconhece, por exemplo, que os bens procedem do tráfico de drogas.

---

[410] ROXIN, *Derecho Penal*, PG, Tomo I, p. 460.

[411] Nesse sentido, TIGRE MAIA, *Lavagem de Dinheiro*, p. 86, assinala que o erro sobre os elementos normativos e constitutivos do tipo contidos nos tipos da lei, seja por equívoco ou ausência de representação da realidade, caracteriza o erro de tipo.

13. As conseqüências jurídicas

13.1. A comissão habitual do crime ou através de organização criminosa

A primeira conseqüência na lei brasileira é o aumento da pena quando a comissão do crime de lavagem é habitual ou ocorre através de uma organização criminosa.

O artigo 1º, § 4º, estabelece que: "A pena será aumentada de um a dois terços, nos casos previstos nos incisos I a VI do *caput* deste artigo se o crime for cometido de forma habitual ou por intermédio de organização criminosa".

Já referimos no item específico sobre o tema (supra) que o legislador brasileiro não tipificou o que é uma organização criminosa e, de acordo com isso, a doutrina brasileira sustenta que não é possível a aplicação do aumento da pena contido neste preceito.[412] O legislador definiu no artigo 288 do Código Penal[413] o que é um bando criminal, o que permite a identificação das condutas ali contidas. O mesmo não ocorre a respeito da organização criminosa, pois não há um preceito que estabeleça o que ela significa. Ainda que o legislador tenha estabelecido no projeto de Lei 3.515, de 1989, que para os efeitos da Lei a organização criminosa é aquela que, por suas características, demonstre a existência de estrutura criminal, operando de forma sistematizada, com atuação regional, nacional ou internacional, a definição não foi mantida na Lei 9.034, de 1995, ficando, assim, sem definição o que é uma organização criminosa.

A outra possibilidade de aumento da pena ocorre nos casos da comissão habitual do crime, é dizer, na comissão habitual da lavagem. Mas nestes casos, haveria que provar também a comissão habi-

---

[412] BARROS, *Lavagem de Dinheiro*, p. 63.

[413] Art. 288 CP. "Associarem-se mais de três pessoas, em quadrilha ou bando, para o fim de cometer crimes".

tual do crime prévio. Igualmente a organização criminal, o legislador não definiu o que é a criminalidade habitual. O termo *habitual* pode ser compreendido como a repetição freqüente de um ato, e a doutrina assinala que o crime habitual é aquele que se constitui de uma reiteração de atos, penalmente indiferente, por si mesmos, mas que constituem um todo, um delito apenas, o que se traduz num modo ou estilo de vida do agente,[414] ou é o que contém comportamentos idênticos e repetidos, que só se realizam com a ocorrência da ação reiterada.[415]

Assim, o significado do conceito contido na Lei de Lavagem não coincide com o conceito de crime habitual utilizado pela doutrina que exige, para sua consumação, uma reiteração das condutas, pois, se ocorre um só ato, não haverá o crime habitual.[416] Em nossa opinião, a intenção do legislador é no sentido de apenar com mais gravidade os casos em que os sujeitos pratiquem a lavagem de forma habitual, e não isoladamente. No entanto, diferentemente do conceito de crime habitual, ainda que haja um só ato de lavagem, já existirá este delito, o que não ocorre com o delito habitual que exige a reiteração de atos para a existência do delito. De acordo com isso, para a aplicação desse preceito, deve ficar provado que havia uma certa freqüência na conduta do sujeito, ou seja, que estava dedicado a lavar capitais de forma habitual.[417]

13.2. O confisco na lei brasileira

O artigo 7° da Lei de Lavagem estabelece:

"São efeitos da condenação, além dos previstos no Código Penal:

I – a perda, em favor da União, dos bens, direitos e valores objeto de crime previsto nesta Lei, ressalvado o direito lesado ou de terceiro de boa-fé;

---

[414] MIRABETE, *Manual de Direito Penal*, PG, p. 132; FRAGOSO, Lições de Direito Penal, PG, p. 255.

[415] REGIS PRADO, *Curso de Direito Penal Brasileiro*, PG, p. 152.

[416] Os crimes habituais exigem uma reiteração de atos para sua existência. Por exemplo, o Código Penal estabelece no artigo 284 o delito de curandeirismo e se o sujeito prescrever só uma vez determinada substância, não há o delito em tela.

[417] Contra, BARROS, *Lavagem de Dinheiro*, p. 62, sustenta que tem aplicação para os casos de condutas reiteradas de lavagem o preceito contido no artigo 71 CP, pois dito preceito tem aplicação aos crimes continuados, e não o preceito contido na Lei de Lavagem.

II – a interdição do exercício de cargo ou função pública de qualquer natureza e de diretor, de membro de conselho de administração ou de gerência das pessoas jurídicas referidas no art. 9°, pelo dobro do tempo da pena privativa de liberdade aplicada".

O artigo 91 do Código Penal brasileiro também contém disposições expressas a respeito dos efeitos da condenação. Assim, os efeitos genéricos da condenação consistem em: I. tornar certa a obrigação de indenizar o dano causado pelo crime; II. a perda em favor da União, ressalvado o direito do lesado ou de terceiro de boa-fé: a) dos instrumentos do crime, desde que consistam em coisas cujo fabrico, alienação, uso, porte ou detenção constitua fato ilícito; b) do produto do crime ou de qualquer bem ou qualquer bem ou valor que constitua proveito auferido pelo agente com a prática do fato criminoso.

Ademais destes efeitos genéricos há outros efeitos específicos da condenação que não são de aplicação automática e só serão aplicados quando declarados na sentença condenatória. Os que se encontram previstos no artigo 92 do Código Penal e interessam ao delito de lavagem de bens são a perda de cargo, função pública ou mandato eletivo: a) quando aplicada a pena privativa de liberdade por tempo igual ou superior a um ano, nos crimes praticados com abuso de poder ou violação do dever para com a Administração Pública; b) quando for aplicada a pena privativa de liberdade por tempo superior a quatro anos nos demais casos.

O legislador brasileiro, para se assegurar de que o confisco possa ser aplicado ao final do processo, previu também na Lei de Lavagem, as denominadas medidas assecuratórias de seqüestro ou apreensão de bens direitos ou valores do acusado na fase de investigação.[418] A justificativa desta medida é que se não há apreensão ou seqüestro nesta fase, ao final, nada restará dos bens do lavador.[419]

De qualquer maneira, a perda não é automática quando existir direito concorrente a ser respeitado em favor de prejudicado ou terceiro de boa-fé. Por exemplo, nos casos em que houver uma condenação por crime de lavagem derivado do crime de extorsão

---

[418] Artigo 4° da Lei 9.613/98.

[419] BALTAZAR JÚNIOR, José Paulo. "O comparecimento do ofendido como condição de procedibilidade no pedido de restituição de bens apreendidos na Lei de Lavagem de Dinheiro (Lei n° 9.613/98, art. 4°, § 3°)". *Revista Ibero-americana de Ciências Penais* (Coord. André Luís Callegari; Nereu José Giacomolli; Pedro Krebs). N. 0, Porto Alegre, CEIP – Centro de Estudos Ibero-Americano de Ciências Penais, p. 41/55, Maio/Ago 2000.

mediante seqüestro, a vítima tem direito preferente – com relação ao Estado – do ressarcimento dos prejuízos. O mesmo pode ocorrer com relação ao sujeito que tenha atuado de boa-fé. Por exemplo, o sujeito que aliena um bem imóvel desconhecendo a existência do crime anterior e a utilização de lavagem de dinheiro. Assim, não se pode confiscar o bem do lavador quando existir boa-fé do vendedor, pois não seria lícito prejudicá-lo.[420]

De acordo com isso, a perda dos bens, direitos ou valores em favor do Estado não é automática, pois depende da verificação da existência do direito do prejudicado ou do terceiro de boa-fé que deve ser reparado. Nos casos em que não há direito a ser reparado, os bens serão incorporados ao Estado.

13.3. A interdição do exercício de cargo ou função

Diferentemente da disposição contida na Parte Geral do Código Penal, o legislador não estabeleceu a perda da função na Lei de Lavagem, pois o artigo 7º, inciso II, estabelece como efeito da condenação "a interdição do exercício de cargo ou função pública pelo dobro de tempo da pena privativa de liberdade".

Os efeitos da condenação estabelecidos na Parte Geral são a perda de cargo, função pública ou mandato eletivo quando: a) aplicada a pena privativa de liberdade por tempo igual ou superior a um ano, nos crimes praticados com abuso de poder ou violação de dever para com a Administração Pública; b) quando for aplicada pena privativa de liberdade por tempo superior a quatro anos nos demais casos.

O preceito contido na Lei de Lavagem é mais benéfico para o condenado, pois o legislador não estabeleceu como efeitos da condenação a perda da função pública como o fez na Parte Geral do Código. Nos casos de condenação pelo delito de lavagem, o legislador só estabeleceu a interdição da função pública, o que é mais favorável que a perda desta função. Assim, como se trata de Lei mais favorável, prevalece a aplicação do artigo 7º, inciso II, da Lei 9.613/98 em relação ao artigo 91, inciso I, CP. Porém, isso não impede que sejam

---

[420] BARROS, *Lavagem de Dinheiro*, p. 114.

aplicados os demais efeitos da condenação que não estejam previstos na Lei especial, como a perda do mandato eletivo.[421]

13.4. As conseqüências para o arrependido

O artigo 1º, § 5º, da Lei 9.613/98 estabelece expressamente que: "A pena será reduzida de um a dois terços e começará a ser cumprida em regime aberto, podendo o juíz deixar de aplicá-la ou substituí-la por pena restritiva de direitos, se o autor, co-autor ou partícipe colaborar espontaneamente com as autoridades, prestando esclarecimentos que conduzam à apuração das infrações penais e de sua autoria ou à localização dos bens, direitos ou valores objetos do crime".

O legislador brasileiro já havia introduzido a figura da "delação premiada" como uma espécie de perdão judicial em outra leis especiais.[422] Sua intenção é combater as organizações criminosas, oferecendo em troca uma espécie de perdão para o sujeito que colabora com as autoridades.

Para um setor da doutrina, o preceito não só dispõe da "delação premiada" como também da "confissão premiada", pois se o sujeito presta esclarecimentos que conduzam à pronta solução das infrações penais e da sua autoria, ocorre a "delação", pois além de proclamar sua culpabilidade, o sujeito delata as outras pessoas. Agora, se o sujeito esclarece sobre a localização dos bens, direitos ou valores objetos do crime, ocorre a "confissão".[423] Estamos de acordo com esta posição sempre que o sujeito, ao esclarecer sobre a localização dos bens, faça-o sem comprometer outras pessoas, pois do contrário, há delação.

De acordo com o preceito, a redução da pena é obrigatória para o sujeito que colabore com as autoridades, seja ele autor, co-autor ou partícipe. Porém, o perdão judicial ou a substituição da pena pri-

---

[421] BARROS, *Lavagem de Dinheiro*, p. 116; Sobre la aplicación de la ley más favorable, FRAGOSO, *Lições de Direito Penal*, PG, p. 101 e ss.; MIRABETE, *Manual de Direito Penal*, PG, p. 58 e ss.; REGIS PRADO, *Curso de Direito Penal Brasileiro*, PG, p. 103; ASSIS TOLEDO, *Princípios Básicos de Direito Penal*, p. 30 e ss.

[422] Lei nº 8.072/90, que regulamenta os crimes hediondos, e Lei nº 9.034/95, que trata da criminalidade organizada. Sobre o tema, na Espanha, DÍAZ-MAROTO Y VILLAREJO, *Algunos aspectos jurídico-penales de la figura del "arrepentido"*, RICP, n. 0, p. 183 y ss.

[423] GOMES, *Lei de Lavagem de Capitais*, p. 344.

vativa de liberdade por uma pena restritiva de direitos depende do critério do juiz após analisar a colaboração do sujeito.[424]

Apresenta problema os casos em que o juiz decida somente pela redução da pena, pois o condenado tem que começar sua execução em regime aberto, passando as noites no presídio,[425] o que significa que estará muito próximo dos companheiros de crime. Não há dúvidas de que os companheiros das atividades criminais não perdoam os traidores, e o arrependido estaria assim condenado à morte.[426] A nosso juízo, esta não é a melhor forma de se conceder um "prêmio" ao arrependido, pois só a redução da pena não impede sua descoberta pelos companheiros, pois terá que permanecer durante a noite na prisão. Portanto, ainda que esteja numa prisão só no regime aberto, os outros condenados sempre têm informação do que passou, e o arrependido não teria condições de sobrevivência em qualquer estabelecimento.[427]

Tampouco a substituição da pena privativa de liberdade por uma restritiva de direitos pode solucionar o problema. As penas restritivas de direitos são: a prestação pecuniária, a perda de bens ou valores, a prestação de serviços à comunidade ou às entidades públicas, a interdição temporária de direitos e a limitação de finais de semana. Como já expressamos, dificilmente o arrependido aceitará a substituição, pois terá que ficar no local do processo, exposto sempre à vingança de seus companheiros de organização. Ademais, pode aceitá-la para fugir depois da substituição, o que não atenderia o desejo do legislador da prevenção especial destes delinqüentes.

Em nossa opinião, o importante para o sujeito arrependido é o perdão judicial em que não há a aplicação de qualquer pena. Porém, é necessário implantar também o programa de proteção ao arrependido, que garanta sua segurança para viver em liberdade.

De todas as formas, para que o sujeito seja beneficiado com o "prêmio" é necessário que as informações conduzam à pronta solução das infrações penais e, além disso, revelem também os autores

---

[424] BARROS, *Lavagem de Dinheiro*, p. 68; GOMEZ, *Lei de Lavagem de Capitais*, p. 343 y ss.

[425] O artigo 36, § 1º do Código Penal estabelece: "O condenado deverá, fora do estabelecimento e sem vigilância, trabalhar, freqüentar curso ou exercer outra atividade autorizada, permanecendo recolhido durante o período noturno e nos dias de folga".

[426] SILVA FRANCO, *Crimes Hediondos*, p. 316 e ss.

[427] Vid. VARELLA, *Estação Carandiru*, p. 5 y ss.; em sentido contrário, BARROS, *Lavagem de Dinheiro*, p. 71.

destas infrações. Por fim, que as informações possibilitem a localização dos bens, direitos ou valores objetos da lavagem.

A doutrina critica a adoção da "delação premiada" porque o legislador não previu a proteção do delator, o que possibilita a vingança de seus companheiros.[428] Os países que adotam a "delação premiada" têm programas desenvolvidos para a proteção dos arrependidos, o que possibilita a troca de identidade, de endereço e, muitas vezes, a mudança do próprio país.

---

[428] SILVA FRANCO, *Crimes Hediondos*, p. 317; GRINOVER, Ada Pellegrini, *A legislação brasileira em face do crime organizado*, RBCCrim, n. 20, p. 67.

Bibliografia

ADRIASOLA, Gabriel. *El Nuevo Derecho Sobre Tóxicos y el Lavado de Dinero de la Droga*. Fundación de Cultura Universitaria, 1994.

ALMEIDA SALLES JR., Romeu. *Código Penal Interpretado*. São Paulo: Saraiva, 1996.

ÁLVAREZ PASTOR, Daniel; EGUIDAZU PALACIOS, Fernando. *La Prevención del Blanqueo de Capitales*. Pamplona: Aranzadi Editorial, 1998.

ARÁNGUEZ SÁNCHEZ, Carlos. *El Delito de Blanqueo de Capitales*. Madrid: Marcial Pons, 2000.

ASSIS TOLEDO, Francisco. *Princípios Básicos de Direito Penal*. São Paulo: Saraiva, 1994.

BACIGALUPO, Enrique. *Curso de Derecho Penal Económico*, Marcial Pons. Madrid: Ediciones Jurídicas y Sociales, 1998.

———. "La evitabilidad o vencibilidad del error de prohibición", en *Revista Brasileira de Ciências Criminais*, ano 4, n. 14, abril-junho, 1996. São Paulo: RT, 1996.

———. *Principios de Derecho penal, Parte General*. 5ª ed. Madrid, 1998.

BAJO FERNANDEZ, Miguel. "Derecho Penal Económico: Desarrollo Económico, Protección Penal y Cuestiones Político/Criminales", en *Hacia un Derecho Penal Económico Europeo, Jornadas en honor del Profesor Klaus Tiedemann*. Madrid: BOE, 1995.

———. *Derecho penal aplicado a la actividad empresarial*. Madrid: Civitas, 1978.

———. "La Delincuencia Económica. Un Enfoque Criminologico y Político Criminal". *Anuario de Derecho Penal y Ciencias Penales*, Tomo XLV, Fascículo I, Enero-Abril, Ministerio de Justicia. Madrid, MCMXCII.

———. "Marco Constitucional del Derecho penal económico", en *Comentarios a la legislación penal, tomo I*, Madrid, 1982.

———. *Manual de Derecho Penal, Parte Especial*. Madrid: Editorial Ceura, 1987.

BALTAZAR JUNIOR, José Paulo. *Crimes Federais*. Porto Alegre: Livraria do Advogado Editora, 2006.

———. "O comparecimento do ofendido como condição de procedibilidade no pedido de restituição de bens apreendidos na Lei de Lavagem de Dinheiro (Lei nº 9.613/98, art. 4º, § 3º)". *Revista Ibero-americana de Ciências Penais* (Coord. André Luís Callegari; Nereu José Giacomolli; Pedro Krebs). Nº 0, Porto Alegre, CEIP – Centro de Estudos Ibero-americano de Ciências Penais, pp. 41/55, Maio/Ago 2000.

BARROS, Marco Antonio. *Lavagem de Dinheiro*. São Paulo: Oliveira Mendes, 1998.

BATISTA, Nilo. *Concurso de Agentes*. Rio de Janeiro: Liber Juris, 1979.

BLANCO CORDERO, Isidoro. *El Delito de Blanqueo de Capitales*. Pamplona: Aranzadi Editorial, 1997.

——. *Responsabilidad penal de los empleados de banca por el blanqueo de capitales.* Granada: Editorial Comares, 1999.

BLANCO LOZANO, Carlos. "El blanqueo de capitales procedentes del tráfico de drogas", en *Revista de Derecho Público.* Madrid, 1996.

BOTTKE, Wilfried. "Mercado, criminalidad organizada y blanqueo de dinero en Alemania", en *Revista Penal*, n. 2, 1998.

BRUNO, Aníbal. *Direito Penal, Parte Geral, Tomo I.* Rio de Janeiro: Forense, 1978.

BUSTOS RAMÍREZ, Juan. *Manual de Derecho Penal Español, Parte general.* Barcelona: Editorial Ariel, 1984.

——. *Manual de Derecho Penal, Parte Especial.* 2ª ed. Barcelona: Ariel, 1991.

CADENAS CORTINAS, Cristina. "Problemas de la penalidad en los delitos de receptación y blanqueo de dinero", en *Cuadernos de Política Criminal*, n. 56, Madrid: Edersa, 1995.

CALLEGARI, André Luís. "A medida provisória nº 1.571-6, de 25.9.97 – *Abolitio criminis ou novatio legis in melius* nos crimes de não recolhimento das contribuições previdenciárias". *Boletim do IBCCrim*, 1997, n. 61, p. 17/18.

——. *Direito Penal Empresarial.* Coord. Heloisa Estellita Salomão. São Paulo: Dialética, 2001.

——. *El delito de blanqueo de capitales en España y Brasil.* Bogotá: Universidad Externado de Colombia, 2003.

——. *Imputação Objetiva, lavagem de dinheiro e outros temas do Direito Penal.* Porto Alegre: Livraria do Advogado, 2001.

——. *Lavagem de Dinheiro.* São Paulo: Manole, 2004.

——. "Legitimidade constitucional do Direito Penal econômico: uma crítica aos tipos penais abertos". *Revista dos Tribunais.* São Paulo, ano 95, setembro de 2006, vol. 851.

——. "O Princípio da Intervenção Mínima no Direito Penal", *Boletim do Instituto de Ciências Criminais*, 1998, n. 70, setembro de 1988, p. 12 e ss.

——. *Teoria Geral do Delito.* Porto Alegre: Livraria do Advogado Editora, 2005.

——; MOTTA, Cristina Reindolff. Estado e Política Criminal: A Expansão do Direito Penal como Forma Simbólica de Controle Social. *Política Criminal, Estado e Democracia.* Rio de Janeiro: Lumen Juris, 2007.

CANCIO MELIÁ, Manuel. En Rodríguez Mourullo y otros. *Comentarios al Código Penal.* Civitas, 1997.

——. El injusto de los delitos de organización: peligro y significado, em *Política Criminal, Estado e Democracia.* Rio de Janeiro: Lúmen Juris, 2007.

CARPIO DELGADO, Juana. *El Delito de Blanqueo de Bienes en el Nuevo Código Penal.* Valencia: Tirant lo Blanch, 1997.

CASTALDO, Andrea R. "La criminalidad organizada en Italia: la respuesta normativa y los problemas de la praxis", *Revista Brasileira de Ciências Criminais*, ano 7, n. 27, julho-setembro. São Paulo: RT, 1999.

CEREZO MIR, José. *Curso de Derecho Penal Español, Parte General, Tomo I*, 4ª ed. Madrid: Tecnos, 1998.

CERVINI, Raúl. "Macrocriminalidad económica". *Revista Brasileira de Ciências Criminais*, ano 3, n. 11, julho-setembro. São Paulo: RT, 1995.

——; TERRA DE OLIVEIRA, Willian; GOMES, Luiz Flávio. *Lei de Lavagem de Capitais.* São Paulo: RT, 1998.

CHERIF BASIOUNI, M.; S. GUALTIERI, David. "Mecanismos internacionales de control de las ganancias procedentes de actividades ilícitas", traducción de Isidoro Blanco Cordero, en *Revista de Derecho Penal y Criminología*, n. 6. Madrid: Universidad Nacional de Educación a Distancia, 1996.

CHOCLÁN MONTALVO, José Antonio. *La organización criminal. Tratamiento penal y procesal.* Madrid: Dykinson, 2000.

COBO DEL ROSAL; VIVES ANTON. *Derecho Penal*, 5ª ed. Valencia: Tirant lo blanch, 1999.

COELHO, Walter. *Teoria Geral do Crime*, v. I, 2ª ed. Porto Alegre: Fabris, 1998.

CONDE-PUMPIDO FERREIRO, Cándido. *Encubrimiento y receptación, Ley de 9 de mayo de 1950.* Barcelona: Bosch, 1955.

CÓRDOBA RODA; RODRÍGUEZ MOURULLO. *Comentarios al Código Penal, Tomo I.* Editorial Ariel, 1976.

CORREA, Eduardo. "Introdução ao Direito Penal Economico", en *Direito Penal Económico e Europeu: textos doutrinários, volume I, problemas gerais.* Coimbra: Coimbra Editora, 1998.

CUELLO CONTRERAS, Joaquín. *El Derecho Penal Español*, 2ª ed. Madrid: Civitas, 1996.

DAVILA, Fabio Roberto. "A certeza do Crime Antecedente como Elementar do Tipo nos Crimes de Lavagem de Capitais", in *Boletim do Instituto Brasileiro de Ciências Criminais*, ano 7, n. 79, junho 1999, São Paulo.

DE JESUS, Damásio. *Direito Penal, Parte Especial*, v. 2. São Paulo: Saraiva, 1988.

———. *Direito Penal, Parte Geral.* São Paulo: Saraiva, 1998.

DELMANTO, Celso. *Código Penal Comentado*, 3ª ed. São Paulo: Renovar, 1991.

DÍAZ-MAROTO Y VILLAREJO, Julio. "Algunas notas sobre el delito de blanqueo de capitales", *Revista de Derecho Penal y Criminología*, n. 1 extraordinário. Madrid, 2000.

DÍAZ-MAROTO Y VILLAREJO, Julio. *Direito Penal em Tempos de Crise.* Porto Alegre: Livraria do Advogado Editora, 2007.

———. "Los delitos societarios en la reforma penal", en *Hacia un derecho penal económico europeo. Jornadas en honor del Profesor Klaus Tiedemann".* Madrid: Boletín Oficial del Estado, 1995.

———. "Algunos aspectos jurídico-penales de la figura del arrepentido", *Revista Ibero-americana de Ciências Penais*, ano 1, número 0, Maio-Agosto, Centro de Estudos Ibero-americano de Ciências Penais, 2000.

———. *El blanqueo de capitales en el Derecho Español.* Dykinson, 1999.

DICCIONARIO de la Lengua Española, 21ª edición, Tomo I. Madrid: Espasa, 1992.

DICIONÁRIO da Língua Portuguesa. Rio de Janeiro: Editora Nova Fronteira, 1975.

DÍEZ RIPOLLÉS, José Luis. "El blanqueo de capitales procedente de tráfico de drogas. La recepción de la legislación internacional en el ordenamiento penal español", *Actualidad penal*, n. 32, 11 de septiembre de 1994.

———. "Alternativas a la actual legislación de drogas", en *Cuadernos de Política Criminal*, n. 46, 1992.

———. "El blanqueo de capitales procedente del tráfico de drogas", *Actualidad Penal*, n. 32, septiembre, 1994.

DINIZ, Maria Helena. *Curso de Direito Civil Brasileiro*, v. 4, *Direito das Coisas.* 3ª ed. São Paulo: Saraiva, 1985.

FABIÁN CAPARRÓS, Eduardo. "Consideraciones de urgencia sobre la Ley Orgánica 8/1992, de 23 de diciembre, de modificación del Código Penal y de la Ley de Enjuiciamiento Criminal en materia de tráfico de drogas", en *Estudios Pena-*

les, Libro Homenaje al Prof. J. Antón Oneca. Ediciones Universidad de Salamanca, 1982.

——. *El Delito de Blanqueo de Capitales.* Colex, 1998.

FARALDO CABANA, Patricia. "Aspectos básicos del delito de blanqueo de bienes en el Código Penal de 1995", en *Estudios Penales y Criminológicos*, XXI, Santiago de Compostela, 1998.

FARIA COSTA, José. "El Blanqueo de Capitales (Algunas reflexiones a la luz del Derecho penal y de la política criminal", en *Hacia un Derecho Penal Económico Europeo. Jornadas en honor de Prof. Klaus Tiedemann*, Ed. BOE, 1995.

FATTORI, Piero. "Criminalità economica e concorrenza", en *Il Reciclaggio del Denaro Nella Legislazione Civile e Penale.* Milano: Giuffrè Editore, 1996.

FEIJÓO SÁNCHEZ, Bernardo. *Homicidio y Lesiones Imprudentes: Requisitos y Límites Materiales.* Madrid: Editorial Edijus, 1999.

——. "La imprudencia en el Código Penal de 1995 (Cuestiones *de lege data* y *de lege ferenda*)", *Cuadernos de Política Criminal*, n. 62. Madrid: Edersa, 1997.

FERNÁNDEZ-ESPINAR, Gonzalo. "La iustaposición *ex novo* de la prevención del blanqueo de capitales al amparo de la Ley 19/1993 de 28 de Diciembre", *La Ley*, n. 3. Madrid, 1994.

FERRÉ OLIVÉ, Juan Carlos. *"Blanqueo" de capitales y criminalidad organizada, en Delincuencia Organizada, Aspectos penales, procesales y criminológicos.* Universidad de Huelva, Fundación el Monte, 1999.

FIGUEIREDO DIAS, Jorge; DA COSTA ANDRADE, Manuel. *Criminologia.* Coimbra: Coimbra Editora, 1984.

FRAGOSO, Heleno. *Lições de Direito Penal.* 10ª ed. Rio de Janeiro: Forense, 1986.

GIACOMOLLI, Nereu José. "Função garantista do princípio da legalidade". *Revista Ibero-americana de Ciências Penais* (Coord. André Luís Callegari; Nereu José Giacomolli; Pedro Krebs). Nº 0, Porto Alegre, CEIP – Centro de Estudos Iberoamericano de Ciências Penais, p. 41/55, Maio/Ago 2000.

GIACOMOLLI, Nereu José. "O princípio da legalidade como limite do *ius puniendi* e proteção dos direitos fundamentais". *Direito Penal em Tempos de Crise.* Porto Alegre: Livraria do Advogado Editora, 2007

GOMES, Luiz Flavio, en CERVINI, Raúl; TERRA DE OLIVEIRA, Willian; GOMES, Luiz Flavio. *Lei de Lavagem de Capitais.* São Paulo: RT, 1998.

——; CERVINI, Raúl. *Crime Organizado.* São Paulo: RT, 1995.

GOMES, Orlando. *Introdução ao Direito Civil.* 7ª ed. Rio de Janeiro: Forense, 1983.

GÓMEZ BENÍTEZ. *Teoría Jurídica de Delito*, Parte General. Madrid, 1987.

GÓMEZ INIESTA, Diego J. *El delito de blanqueo de capitales en Derecho Español.* Barcelona: Cedecs, 1996.

——. "Medidas internacionales contra el blanqueo de dinero y su reflejo en el derecho español", en *Estudios de Derecho Penal Económico*, edición de Luis Arroyo Zapatero y Klaus Tiedemann, Universidad de Castilla-La Mancha, 1994.

GONZALES RUS, en CARMONA SALGADO; GONZALES RUS; MORILLAS CUEVA; POLAINO NAVARRETE. *Manual de Derecho Penal, Parte Especial*, T. II. Madrid, 1992.

GRINOVER, Ada Pellegrini. "A legislaçao brasileira em face do crime organizado", *Revista Brasileira de Ciências Criminais*, ano 5, n. 20, outubro-dezembro. São Paulo: RT, 1997.

GUZMÁN DALBORA, José Luis. "Del bien jurídico a la necesidad de la pena en los delitos de asociaciones ilícitas y lavado de dinero", in *Revista Brasileira de Ciências Criminais*, ano 8, n. 30, abril-junho. São Paulo: RT, 2000.

HASSEMER, Winfried, "Límites del estado de derecho para el combate contra la criminalidad organizada", *Revista Brasileira de Ciências Criminais*, ano 6, n. 23, julho-setembro. São Paulo: RT, 1998.

———. "Segurança Pública no Estado de Direito", Tradução de Carlos Eduardo Vasconcelos, in *Revista Brasileira de Ciências Criminais*, ano 2, n. 5, janeiro/março. São Paulo: RT, 1994.

HUNGRIA, Nelson. *Comentários ao Código penal*, v. 1, tomo 2, 2ª ed. Rio de Janeiro: Forense, 1953.

IGLESIAS RÍO, Miguel Angel. "Criminalidad organizada y delincuencia económica". Aproximación a su incidencia global. *Criminalidad Organizada y Delincuencia Econômica*. Bogotá: Ediciones Jurídicas Gustavo Ibañez Ltda, 2002.

JAKOBS, Günther. *Derecho Penal, Parte General, Fundamentos y teoría de la imputación*, traducción de Joaquín Cuello Contreras y José Luis Serrano Gonzalez de Murillo, 2ª ed. Madrid: Marcial Pons, 1997.

JESCHECK, Hans-Heinrich. *Tratado de Derecho Penal, Parte General*, 4ª ed. Traducción de José Luis Manzanares Samaniego. Granada: Editorial Comares, 1993.

JORGE BARREIRO, Augustín, en RODRÍGUEZ MOURULLO, Gonzalo. *Comentarios al Código Penal*. Madrid: Civitas, 1998.

KAPLAN, Marcos. "Economía criminal y lavado de dinero", en *Boletín Mexicano de Derecho Comparado*, Instituto de Investigaciones Jurídicas, Universidad Nacional Autónoma de México, Año XXIX, Número 85, Enero-Abril de 1996.

LACRUZ BERDEJO, LUNA SERRANO; RIVERO HERNANDEZ. *Parte General de Derecho civil*, vol. III. Barcelona, 1990.

LAMPE, Ernst-Joachim. "El nuevo tipo penal de blanqueo de dinero (§ 261 StGB)", traducción de Miguel Abel Souto, en *Estudios Penales y Criminológicos*, XX. Universidad de Santiago de Compostela, 1997.

LEAL, João José. *Direito Penal Geral*. São Paulo: Atlas, 1998.

LISA MACCARI, Anna. "Brevi appunti sui profili penalistici in materia di riciclaggio", en *Il Reciclaggio del Denaro Nella Legislacione Civile e Penale*. Milano: Giuffrè Editore, 1996.

LÓPEZ GARRIDO, Diego; GARCÍA ARÁN, Mercedes. *El Código Penal de 1995 y la voluntad del legislador*. Madrid: Eurojuris, 1996.

LOURENÇO MARTINS, A. G. "Branqueamento de capitais: contra-medidas a nível internacional e nacional", en *Revista Portuguesa de Ciência Criminal*, ano 9, Fascículo 3, Julho-Setembro. Coimbra: Coimbra Editora, 1999.

LUZÓN PEÑA, Diego-Manuel. *Curso de Derecho Penal*, Parte General I. Madrid: Editorial Universitas, 1996.

MAGALHÃES NORONHA, Edgard. *Direito Penal*, vol. 4, 20ª ed. São Paulo: Saraiva, 1995.

MAGALHAES, Mario. *O Narcotráfico*. São Paulo: PubliFolha, 2000.

MAPELLI CAFFARENA, Borja. "Problemas de la ejecución penal frente a la criminalidad organizada", en *La Criminalidad Organizada ante la Justicia*, Universidad de Sevilla, Serie Derecho, n. 3, Sevilla, 1996.

———; TERRADILLOS BASOCO, Juan. *Las Consecuencias Jurídicas del Delito*, 3ª ed. Madrid: Editorial Civitas, 1996.

MARINOT, Sabrina. "Tráfico de drogas y blanqueo de dinero ¿una política criminal europea", en *Actualidad Penal*, n. 42, 17 – 23 de Noviembre. Madrid, 1997.

MARIZ DE OLIVEIRA, Antonio Claudio. "Reflexões sobre os crimes econômicos", *Revista Brasileira de Ciências Criminais*, ano 3, n. 11, julho-setembro. São Paulo: RT, 1995,

MARTÍNEZ-BUJÁN PÉREZ, Carlos. *Derecho Penal Económico, Parte General*. Valencia: Tirant lo blanch, 1998.

——. *Derecho Penal Económico, Parte Especial*. Valencia: Tirant lo blanch, 1999.

MARTOS NÚÑEZ, Juan Antonio. *Derecho Penal Económico*. Madrid: Editora Montecorvo, 1987.

——. "Receptación y blanqueo de bienes", en *El Nuevo Código Penal y la Ley del Jurado*. Sevilla: Fundación el Monte, 1998.

MAURACH, Reinhart; ZIPF, Heinz. *Derecho penal, Parte general 1*, Traducción de Jorge Boffil Genzsch y Enrique Aimone Gibson. Buenos Aires: Editorial Astrea, 1994.

MESTIERI, João. *Manual de Direito Penal, Parte Geral*, v. I. Rio de Janeiro: Forense, 1999.

MINGARDI, Guaracy. *O Estado e o Crime Organizado*. Instituto Brasileiro de Ciências Criminais, n. 5. São Paulo, 1998.

MIR PUIG, Santiago. *Derecho Penal, Parte General*, 4ª ed. Barcelona: PPU, 1996.

——. *El Derecho penal en el Estado social y democrático de derecho*. Barcelona; Ariel Derecho, 1994.

MIRABETE, Julio Fabbrini. *Manual de Direito Penal, Parte Especial*, v. 2. São Paulo: Atlas, 1986.

——. *Manual de Direito Penal, Parte Geral*. 7ª ed. São Paulo: Atlas, 1992.

MOCCIA, Sergio. El crimen organizado como puesta a prueba de los sistemas penales, *Revista Canaria de Ciencias Penal*, número 5, julio 2000.

MONTAÑES PARDO, Miguel Angel. *La Presunción de Inoncencia*. Pamplona: Aranzadi, 1999.

MOREIRO GONZÁLEZ, Carlos J.; O DEL RÍO MORENO, María de la. "¿Hacia un nuevo enfoque en la lucha contra el blanqueo de capitales tras el tratado de la Unión Europea?". *Gaceta Jurídica de la C.E. y de la Competencia*, GJ, serie D, Noviembre, 1996.

MORENO CÁNOVES, Antonio; RUIZ MARCO, Francisco. *Delitos socioeconómicos. Comentarios a los arts. 262, 270 a 310 del nuevo Código penal*. Castellón: Edijus, 1996.

MUÑOZ CONDE, Francisco; GARCÍA ARAN, Mercedes. *Derecho Penal, Parte General*. 2ª ed. Valencia: Tirant lo blanch, 1996.

——. *Derecho Penal, Parte Especial*. 11ª edición, revisada y puesta al día conforme al Código penal de 1995. Valencia: Tirant lo Blanch, 1996.

NÁUFEL, José. *Novo Dicionário Jurídico Brasileiro*, v. I, 7ª ed. São Paulo: Parma, 1984.

PALMA HERERRA, José Manuel. *Los Delitos de Blanqueo de Capitales*. Madrid: Edersa, 1999.

PALOMO DEL ARCO, Andrés. "Receptación y figuras afines", Estudios sobre el Código penal de 1995, (Parte Especial), *Estudios de Derecho Judicial*, 2, 1996.

PEÑA CABRERA, Raúl. *Tratado de Derecho Penal, parte especial*, t. III. Lima: Jurídicas, 1994.

PEÑARADA RAMOS, Enrique. *La participación en el delito y el principio de accesoriedad*. Madrid, 1990.

PEREZ MANZANO, Mercedes. "El Tipo Subjetivo en los Delitos de Receptación y Blanqueo de Dinero". *Cuadernos de Derecho Judicial*, I 1994.

PIERANGELLI, José Henrique. *Escritos Jurídico-Penais*. São Paulo: RT, 1992.

PITOMBO, Antônio Sérgio de Moraes. "Considerações sobre o Crime de Gestão Temerária de Instituição Financeira". *Direito Penal Empresarial*. São Paulo: Dialética, 2001.

PITOMBO, Antônio Sérgio A. de Moraes. *Lavagem de Dinheiro. A tipicidade do crime antecedente*. São Paulo: Editora Revista dos Tribunais, 2003.

PLANET ROBLES, Sílvia. Políticas de seguridad y prevención en el Estado español en matéria de delincuencia organizada. *La seguridad en la sociedad del riesgo. Un debate abierto*. Barcelona: Atelier, 2003.

QUINTERO OLIVARES, Gonzalo. *Comentarios a la Parte Especial del Derecho Penal*. Pamplona: Aranzadi Editorial, 1996.

————. *Manual de Derecho Penal Parte General*. Pamplona: Aranzadi Editorial, 1999.

REAL ACADEMIA ESPAÑOLA. Diccionario de la Lengua Española, 21ª edición, Tomo I. Madrid: Espasa, 1992.

REGIS PRADO, Luiz; BITTENCOUT, Cezar Roberto. *Código Penal Anotado*, 2ª ed. São Paulo: RT, 1999.

REGIS PADRO, Luiz. *Bem jurídico-penal e Constituição*. São Paulo: RT, 1997.

————. *Curso de Direito Penal Brasileiro, Parte Geral*, 2ª ed. São Paulo: RT, 2000.

————. *Curso de Direito Penal Brasileiro, Parte Especial*, v. 2. São Paulo: RT, 2000.

RENART GARCÍA, Felipe. "El blanqueo de capitales en el derecho suizo". *Poder Judicial*, 1998.

REVISTA DOS TRIBUNAIS, n. 404, v. 58. São Paulo: RT, 1979.

————, n. 663, v. 80. São Paulo: RT, 1991.

————, n. 718, v. 84. São Paulo: RT, 1995.

RIBEIRO LOPES, Mauricio Antonio. *Criterios Constitucionais de Determinação dos Bens Jurídicos Penalmente Relevantes*, (tese de livre-docência inédita). Faculdade de Direito da Universidade de São Paulo, 1999.

RIGHI, Esteban. *Derecho Penal Económico Comparado*. Madrid: Editora Edersa, 1991.

RIZZO CASTANHEIRA, Beatriz. "Organizações criminosas no Direito penal brasileiro: o estado de prevenção e o principio da legalidade estrita", *Revista Brasileira de Ciências Criminais*, ano 6, n. 24, outubro-dezembro. São Paulo: RT, 1998.

RODRÍGUEZ DEVESA, José; SERRANO GOMEZ, Alfonso. *Derecho Penal Español, Parte Especial*. Madrid: Dykinson editorial, 1995.

————. *Derecho Penal Español, Parte General*, 18ª ed. Madrid: Dykinson, 1995.

RODRÍGUEZ MOURULLO, Gonzalo. *Delito y pena em la jurisprudencia constitucional*. Madrid: Civitas, 2002.

————. *Derecho Penal, Parte General*. Madrid: Editorial Civitas, 1978.

RODRIGUEZ, Silvio. *Direito Civil, Parte Geral*, v. 1, 15ª ed. São Paulo: Saraiva, 1985.

ROMERAL MORALEDA; GARCÍA BLAZQUEZ. *Tráfico y consumo de drogas. Aspectos penales y médico legales*. Málaga, 1992.

ROXIN, Claus. *Autoría y Dominio del Hecho en Derecho Penal*. Marcial Pons, 1998.

————. *A proteção de bens jurídicos como função do Direito Penal*. Tradução de André Luís Callegari e Nereu José Giacomolli. Porto Alegre: Livraria do Advogado Editora, 2006.

————. *Derecho Penal, Parte General*. Tomo I, Traducción y notas de Diego-Manuel Luzón Peña, Miguel Díaz y García Conlledo y Javier de Vicente Remesal. Madrid: Editorial Civitas, 1997.

RUIZ VADILLO, Enrique. "El blanqueo de capitales en el ordenamiento jurídico español. Perspectiva actual y futura", en *Boletín de Información del Ministerio de Justicia*, 15 de julio, n. 1641, 1992.

SÁINZ CANTERO, José A. *Lecciones de Derecho Penal, Parte General*, 3ª ed. Barcelona: Bosch, 1990.

SAN MARTÍN LARRINOA, Begoña. "Derecho penal económico y tributario", en *Hacia un Derecho Penal Económico Europeo*. Madrid: BOE, 1995.

SANTIAGO, Rodrigo. "O branqueamento de capitais e outros produtos do crime", en *Direito Penal Económico Europeu: Textos Doutrinários*, v. II, Coimbra Editora, 1999.

SILVA FRANCO, Alberto. "Um difícil processo de tipificação", en *Boletim do Instituto Brasileiro de Ciências Criminais*, Ano 2, nº. 21, setembro, 1994.

———. *Código Penal e sua Interpretação Jurisprudencial, Parte Geral*, volume 1, tomo I, 6ª ed. São Paulo: RT, 1997.

———. *Crimes Hediondos*, 3ª ed. São Paulo: RT, 1994.

———; STOCO, Rui. *Código Penal e sua Interpretaçao Jurisprudencial, Parte Especial*, volume 1, tomo II, 6ª ed. São Paulo: RT, 1997.

SILVA SÁNCHEZ, Jesús-María. *La expansión del Derecho penal. Aspectos de la política criminal en las sociedades postindustriales*. Madrid: Civitas, 1999.

SOLANS SOTERAS, Miguel. "Blanqueo de dinero y movimientos financieros", en *Cuadernos Jurídicos*, n. 3, 1992.

SOTO NIETO, Francisco. "El delito de blanqueo de dinero. Esquema de las disposiciones legales afectantes al blanqueo", *Revista Jurídica La Ley*, II, 1996.

STOCO, Rui. en SILVA FRANCO, Alberto; STOCO, Rui. *Código Penal e sua Interpretaçao Jurisprudencial*, volume 1, tomo II. São Paulo: RT, 1997.

SUÁREZ GONZÁLEZ, Carlos. "Blanqueo de capitales y merecimiento de pena: consideraciones críticas a la luz de la legislación española", en *Cuadernos de Política Criminal*, n. 58, Madrid, 1996.

———. en RODRÍGUES MOURULLO, Gonzalo. *Comentarios al Código Penal*. Madrid: Civitas, 1997.

SUÁREZ MONTES. *El cheque en descubierto*. Barcelona, 1965.

TERRA DE OLIVEIRA, Willian, en CERVINI, Raúl; TERRA DE OLIVEIRA, Willian; GOMES, Luiz Flávio. *Lei de Lavagem de Capitais*. São Paulo: RT, 1998.

TIEDEMANN, Klaus. "Presente y futuro del Derecho Penal Económico", *Hacia un derecho penal económico europeo, jornadas de honor del profesor Klaus Tiedemann*, Boletín Oficial del Estado, n. 4, Madrid, 1995.

———. *Lecciones de Derecho Penal Económico*, traducción por Teresa Martín. Barcelona: PPU, 1993.

TIGRE MAIA, Rodolfo. *Lavagem de Dinheiro*. São Paulo: Malheiros, 1999.

VARELLA, Drauzio. *Estação Carandiru*. São Paulo: Cia. das Letras, 1999.

VIDALES RODRÍGUEZ, Caty. *Los delitos de receptación y legitimación de capitales en el Código penal de 1995*. Valencia: Tirant lo Blanch, 1997.

VIVES ANTÓN; GONZÁLES CUSSAC. *Comentarios al Código Penal de 1995*, vol. II. Valencia, 1996.

VOLKMER DE CASTILHO, Ela Wiecko. *O Controle Penal nos Crimes Contra o Sistema Financeiro Nacional*. Belo Horizonte: Del Rey, 1998.

WELZEL, Hans. *Derecho Penal Alemán, Parte General*, 4ª ed. Traducción de Juan Bustos Ramírez y Sergio Yáñez Pérez. Editorial Jurídica de Chile, 1993.

WESSELS, Johannes. *Direito Penal, Parte Geral,* Traducción de Juarez Tavarez. Porto Alegre: Fabris, 1976.

ZAFFARONI, Eugenio Raúl; PIERANGELI, José Henrique. *Manual de Direito Penal Brasileiro, Parte Geral.* São Paulo: RT, 1997.

——. "Crime organizado": uma categorização frustrada", in *Discursos Sediciosos,* ano 1, número 1. Rio de Janeiro: Editora Relume Dumará, 1996.

ZANCHETTI, Mario. *Il Riciclaggio di Denaro Proveniente da Reato.* Milano: Giuffrè Editore, 1997.

ZARAGOZA, Javier. "El blanqueo de dinero. Aspectos sustantivos. Su investigación". *Cuadernos de Derecho Judicial,* n. I, 1994.

——. "Receptación y blanqueo de capitales", en *El nuevo Código Penal y su aplicación a empresas y profesionales, Manual teórico práctico.* Madrid: Recoletos, 1996.

Impressão:
Evangraf
Rua Waldomiro Schapke, 77 - P. Alegre, RS
Fone: (51) 3336.2466 - Fax: (51) 3336.0422
E-mail: evangraf.adm@terra.com.br